Y Daith Ydi Adra

Stori Gŵr ar y Ffin

Y Daith Ydi Adra

Stori Gŵr ar y Ffin

JOHN SAM JONES

CYFIEITHIAD
Sian Northey

PARTHIAN

Parthian, Aberteifi SA34 1ED
Cyhoeddwyd gyntaf yn 2021
www.parthianbooks.com

ISBN 978-1-913640-45-3

Dyluniad y clawr: Marc Jennings
Cysodi: Dylan Williams
Argraffwyd a rhwymwyd gan 4Edge Limited.

Cyfieithwyd gyda chymorth ariannol Cyngor Llyfrau Cymru.

Mae Parthian yn gweithio gyda chefnogaeth
Cyngor Llyfrau Cymru.

Mae cofnod catalog o'r llyfr hwn ar gael o'r Llyfrgell Brydeinig.

JOHN SAM JONES

Sylweddolodd John ei fod yn hoyw pan oedd yn ei arddegau yn y 1970au a dod i ddeall yn fuan y byddai'n byw ei fywyd ar y ffiniau.

Dyfarnwyd ei gasgliad o straeon byrion, *Welsh Boys Too,* yn 'Honor Book' yng Ngwobrau Llyfrau Stonewall yr American Library Association. Bu ei ail gasgliad, *Fishboys of Vernazza,* ar restr fer Llyfr y Flwyddyn, ac yn dilyn hynny cyhoeddodd ddwy nofel, *With Angels and Furies* a *Crawling Through Thorns.*

Yn 2001 ef oedd cyd-gadeirydd cyntaf LGB Forum Cymru (a ddaeth yn ddiweddarach yn Stonewall Cymru), corff a sefydlwyd i gynghori Llywodraeth Cymru ar faterion LGB.

SIAN NORTHEY

Mae Sian yn fardd, awdur a chyfieithydd a hefyd yn arwain gweithdai ac yn mentora awduron. Ei chyfrol ddiweddaraf yw *Cylchoedd* (Gwasg y Bwthyn, 2020), casgliad o straeon byrion gyda ffotograffau gan Iestyn Hughes.

Yn 2016 cafodd y fraint o gyfieithu *Pigeon* gan Alys Conran ar gyfer Parthian (*Pijin*, 2016) ac roedd yn hynod falch o gael dychwelyd at y wasg i gyfieithu *The Journey is Home*.

Diolch o galon i John a Richard am y gwahoddiad
i ymgymeryd â'r gwaith cyfieithu, a diolch i
Siôn Aled am ei holl gymorth amhrisiadwy.

— *Sian Northey*

Beth yw maddau? Cael ffordd trwy'r drain
At ochr hen elyn.

— *Waldo*

Cynnwys

1
Hyd nes rhyw ddydd ym mis Mehefin

Cyn i mi gyfarfod Jupp roeddwn wedi byw am dair blynedd yng Nghalifformia, felly wnaeth y syniad o fyw dramor ddim fy rhwystro rhag syrthio mewn cariad efo fo. Tralodwyd y posibilrwydd o symud i'w *Heimat*, yn amlach yn y blynyddoedd cynnar, ond deuai'r sgwrs i ben bob tro gyda Jupp yn dweud, 'Dw i'n gyfforddus yma . . . Dw i wedi teimlo 'rioed bod yna groeso i mi yma . . . Dw i'n hapus yn fama efo chdi . . . does yna ddim rheswm i symud o 'ma – a beth bynnag, mae biwrocratiaeth flonegog yr Almaen yn mygu bywyd bob dydd ac mae'r dynion blonegog canol oed yn gwisgo lliwiau pastel sy'n edrych yn wirion bost . . . hyd yn oed y rhai hoyw, y bysat ti'n disgwyl iddyn nhw wbod yn well.' Deg mlynedd ar hugain felly – degawd yn Lerpwl, degawd yng Nghilgwri a degawd yn Ardudwy.

Hyd nes rhyw ddydd ym mis Mehefin.

Yn ystod y tri degawd hynny mae ein bywydau, ein teuluoedd, ein ffrindiau, ein diwylliannau a'n hieithoedd wedi mynd yn gymysg oll i gyd. Mae ei Saesneg, sydd ag acen gref, wedi'i britho â geiriau Almaeneg ac ambell i air bach cariadus Cymraeg. Saesneg yw'r iaith rhwng y ddau ohonom, ond dw i'n ei regi yn Gymraeg, sydd bob tro yn gwneud iddo chwerthin a hynny'n lliniaru fy llid. Ac weithiau dw i'n adleisio ei ddywediadau . . .

rydym yn aml yn bwyta 'rests' yn hytrach na sbarion a phan fydd o'n flin dw i'n gofyn, 'What's made you so *quengelisch*?' Mae wedi dysgu ynganu enwau anodd aelodau fy nheulu, lle na wêl o yr un llafariad! Ac mi ydw innau wedi dysgu enwau Almaenig ei berthnasau . . . a rhyw ychydig ymadroddion defnyddiol . . . ond nid yw dysgu ieithoedd, ac yn arbennig gramadeg, wedi bod yn dalent y gallwn i fod yn falch ohoni erioed. Pan fydda i'n drist, neu'n sâl, neu'n bryderus, mae'n gofalu amdanaf. Pan mae o'n ofidus neu'n anfodlon ei fyd, pan mae'n poeni am ei waith yn y brifysgol neu'n poeni am ei rieni oedrannus, neu pan oedd yn galaru yn dilyn marwolaeth ei frawd bach, mi ydw i'n 'ffysian'. Felly mae pethau wedi bod trwy gydol ein hamser hir efo'n gilydd . . . dyna wna cariad.

Mae fy nheulu wedi byw yn Bermo, y dref sydd wedi'i gwasgu rhwng y Rhinogydd a Bae Ceredigion, ers tri chan mlynedd. Yn ddiweddar mae twristiaid wedi darganfod ein traethau a'n cestyll, ein llwybrau cerdded a'n meini hirion, ac mae twristiaeth yn rhan bwysig o economi'r ardal. Am fwy na chanrif, cyn i bron bob teulu ddod yn berchen ar gar, roedd y rheilffordd yn dod â chenedlaethau o ddosbarth gweithiol canolbarth Lloegr i drefi a phentrefi arfordir Cymru ar gyfer gwyliau haf, a sefydlwyd traddodiadau teuluol o dreulio wythnos neu bythefnos ar lan y môr. Ym 1962 roedd poster British Railways mewn gorsafoedd trenau ar draws Prydain yn hysbysebu *Barmouth, Queen of the Cambrian Coast* . . . erbyn hynny hefyd roedd sawl fferm a sawl tŷ tlodaidd o gyfnod Fictoria yn wag – y perchnogion lleol wedi symud i ffwrdd i weithio neu wedi symud i'r tai cyngor newydd (lle roedd dŵr yn llifo o dap a thrydan a lle chwech tu fewn) – ac roedd ail gartrefi yn cael eu prynu gan drigolion dinasoedd a oedd â mwy o arian yn eu pocedi mwyaf sydyn. Bu llawer o'r Saeson dŵad hyn, a hwythau'n cael trafferth ynganu enwau Cymraeg, a heb fawr o barch at yr iaith na'r diwylliant, yn gyfrifol am wasgaru enwau Saesneg ar hyd y tirlun Cymreig: 'Sea View' a 'Driftwood Cottage', 'Ridge Crest' a 'Panorama Lodge'.

Wrth gwrs, fe ddatblygodd gwir gyfeillgarwch rhwng y Cymry a'r Saeson mewn rhai achosion, a bu priodasau wrth i 'gariadon gwyliau' barhau â'u perthynas – gan gymysgu genynnau, rhannu traddodiadau a chreu hanesion newydd. Ond yn aml hefyd gallai cam-ddealltwriaeth barhau am ddegawdau – yn arbennig pan fyddai pobl uniaith â'u baneri Jac yr Undeb yn cwyno bod y Cymry ddim ond yn siarad Cymraeg i'w sbeitio a'u gwahardd o sgwrs . . . ac felly fe ddatblygodd y tueddiad i feio 'Saeson Birmingham' am yr ysbwriel ar y traeth, y baw ci ar y prom, ac am y cwffio chwil a'r chwd ar y palmentydd – ac yn aml roedd teimlad o ryddhad wrth iddynt yrru yn eu ceir yn ôl dros Glawdd Offa. Mae rhai ohonynt wedi aros; ychydig iawn sydd wedi dysgu Cymraeg, ond mae'r iaith yn dal i'w chlywed mewn sgyrsiau dros glawdd yr ardd a lawr wrth y cei er gwaethaf y ddelwedd mai un o faestrefi gorllewinol Birmingham ydi Bermo bellach. Yn y fynwent ar ben y clogwyn gallaf ddangos y gwehyddion a'r gofaint, y seiri a'r pobyddion . . . yr hen, yr hen-hen a'r hen-hen-hen neiniau a theidiau.

Daw fy ngŵr o bentref ar y gororau, lle mae'r ffin â'r Iseldiroedd yn croesi'r cae sydd tu ôl i erddi cefn y rhes olaf o dai. Yn y gaeaf, mae'r hen bostyn ffin sy'n gwyro'n drwsgl tuag at yr Iseldiroedd, â'i rif cerfiedig sydd yn gen i gyd, yn glwyd achlysurol i'r boda yng nghanol y tirlun llwyd gwastad; ganol haf mae'r postyn yn sefyll yn unig yng nghanol aur y barlys, neu weithiau ar goll yn llwyr wrth i'r india corn dyfu'n uchel. Difrodwyd y pentref yn wythnosau olaf y rhyfel, yn gyntaf gan y Natsïaid yn ceisio amddiffyn eu ffin, yna gan y cynghreiriaid yn ceisio disodli'r Natsïaid, ac wedyn, yn olaf – ac yn daclus drwyadl – gan yr Iseldirwyr o ochr arall y ffin a oedd wedi dioddef yn enbyd yn ystod y meddiannu; roeddynt yn ysbeilio gan gredu fod popeth roedd bosib iddynt ei gario oddi yno yn ddyledus iddynt. Adeiladodd rhieni Jupp ddau gartref teuluol – un tŷ eithaf cyffredin yn nechrau'r chwedegau, a'r llall, yn fwy ac wedi ei gynllunio gan bensaer, yn 1972 (ar ôl i'w dad ennill cytundebau proffidiol gan luoedd arfog Prydain i edrych ar ôl y gwresogi, y gwaith plymio a'r trydan yn y gorsafoedd milwrol gerllaw). Nid yw'r naill na'r llall yn tystio i gefndir gwerinol Ernst-Peter a Jutta. Am ganrifoedd bu cyndeidiau Jupp yn gweithio ar dir y barwn lleol, yn torri coed o'r fforestydd oedd yn eu hamgylchynu i'w llosgi ar eu haelwydydd, yn potsio sgwarnogod y barwn – feiddiai neb gymryd un o'i geirw neu faedd gwyllt – a chrafu byw nes bod eu cefnau'n grwm a hwythau'n hen bobl cyn eu bod yn ddeugain.

Roedd ein blynyddoedd cynnar ni efo'n gilydd, gyda dau gyflog a heb blant, wedi bod yn fwy na chyfforddus. Hyd yn oed ar ôl i mi hanner ymddeol ar sail iechyd yn hanner cant a phump doedden ni byth yn mynd i lwgu; roeddem wedi talu am ein tŷ ac efallai fod ein cartref ychydig yn rhy debyg i rywbeth o dudalennau cylchgrawn chwaethus. Roedd ein gwesteion gwely a brecwast wrth eu boddau gyda'r lloriau pren caled a'r carpedi Persiaidd, y dodrefn derw Cymreig a wnaed â llaw, y llond dwrn o luniau gwreiddiol roeddem yn meddwl y byd ohonynt, y blodau ffres ar y bwrdd bwyd . . . a'r gwinoedd da a'r dewis o wisgi brag oedd yn iro'r trafodaethau yn hwyr y nos ar ôl swper neu barti ar y penwythnos. Byddem yn hedfan yn rheolaidd o amgylch Ewrop, weithiau dim ond i weld ffrindiau am noson neu ddwy, dro arall i orwedd ar draeth heulog am wythnos i dorri ar undonedd gaeaf y gogledd; efallai y byddem yn mynd i weld dinas y bu i ni ddarllen amdani yn y papur Sul . . . neu hyd yn oed i weld opera yn La Fenice neu'r Liceu nad oedd, am ryw reswm, yn cael ei llwyfannu ym Mhrydain. Ac roedd yno lyfrau, cannoedd ohonynt.

Wrth gwrs, nid oedd David Cameron wedi breuddwydio y byddai ei blaid Dorïaidd, oedd yn cynnwys aelodau oedd mor wrthwynebus i Ewrop, yn ennill mwyafrif yn Etholiad Cyffredinol 2015. Yn gwbl groes i'r holl bolau piniwn bu iddynt ennill mwyafrif gweithredol, ac un o ddyletswyddau cyntaf y Prif Weinidog oedd dechrau'r broses gyfreithiol oedd ei hangen i gynnal y refferendwm oedd wedi'i addo ar barhau i fod yn aelod o'r Undeb Ewropeaidd, er gwaetha'r ffaith nad oedd yna weledigaeth glir ar gyfer Prydain y tu allan i'r Undeb.

Roedd yn amlwg i ni bod ein bywydau ar eu hennill yn sgil aelodaeth o'r Undeb Ewropeaidd. Roedd yn anodd i ni drafod y dadleuon o blaid ac yn erbyn gan fod perthynas Prydain â'i phartneriaid yn yr UE yn amlwg yn cynnwys manylion na allem eu dychmygu, ond a oedd, er gwaethaf hynny, yn effeithio ar ein bywydau bob dydd – safonau diogelwch o bob math, hawliau yn y gweithle, rheolau glendid bwyd, ymchwil gwyddonol a meddygol, cynnyrch fferyllol, yr hawl i hedfan dros diriogaethau ein gilydd . . . A beth am yr holl ddinasyddion o wledydd eraill yr UE a oedd yn gweithio yn y Gwasanaeth Iechyd, a'r holl gwmnïau rhyngwladol a oedd yn cyflogi degau o filoedd os nad cannoedd o filoedd yn y Deyrnas Gyfunol? Ac onid oedd budd uniongyrchol i ni yn sgil heddwch yng Ngogledd Iwerddon? Roedd yr IRA wedi bomio targedau yr ochr hon i Fôr Iwerddon sawl gwaith. Oni allai ffin galed â'r UE beryglu Cytundeb Dydd Gwener y Groglith?

Roedden ni, cwpl rhyngwladol oedd yn hedfan o amgylch Ewrop yn aml, yn cymryd 'rhyddid pobl i symud' yn ganiataol ac ni allem ddechrau amgyffred yr effeithiau andwyol petai Prydain yn gadael cytundeb o'r fath. A fyddem yn gorfod sefyll mewn ciwiau gwahanol wrth ddangos pasbort? A fyddai hawl fy ngŵr i fyw ym Mhrydain ar ôl bod yma am ddeng mlynedd ar hugain yn cael ei gwestiynu neu'n cael ei wneud yn anoddach?

Roedd y ddadl ynghylch Brexit fel caseg eira. Roedd celwyddau a hanner celwyddau yn cael eu hadrodd ar y ddwy ochr . . . roedd y ddwy ochr, yn anffodus, yn llwyddo i gamarwain ac i ddifrïo democratiaeth. Roedd gwŷr a gwragedd yn anghydweld; brodyr a chwiorydd yn ffraeo; cymdogion yn torri cyswllt; yr ifanc yn gwaredu at agwedd ynysig pobl hŷn. Daeth mewnfudo, oherwydd rhyddid pobl i symud oddi fewn i'r UE, i fod y pwnc pwysicaf gan lawer; roedd y gwahaniaethau cymharol fychan rhwng pobl yn peri hollt rhyngddynt. Collodd llawer olwg ar y gwirionedd fod gennym fwy o lawer yn gyffredin na'r hyn sy'n ein gwahanu. Roedd y 'mewnfudwyr' yn cymryd ein gwaith . . . roeddan 'nhw' yn hawlio ein budd-daliadau hael ac yn anfon yr arian adref . . . roeddan 'nhw' yn newid natur cymdeithas fel bod Pwyleg yn cael ei chlywed mor aml â Saesneg ar y stryd; i lawer yng Nghymru hyn oedd yr eironi pennaf – onid oedd Lloegr a'r Saesneg wedi ceisio dileu ein hiaith a'n diwylliant am genedlaethau? Roedd fel petai'r ddadl ynglŷn â Brexit wedi rhoi rhyddid i rai fynegi senoffobia a hiliaeth a oedd wedi bod ynghudd yn hir. Daeth yr alwad i 'take back control' yn rhyfelgri, adfer rheolaeth y tybiwyd ei bod wedi ei hildio i'r 'criw 'na heb eu hethol yn Brussels'.

'Dw i ddim yn licio'r awyrgylch mae hyn yn ei greu,' dywedais wrth fwyta swper rhyw ddiwrnod.

'Dw inna'n dechrau teimlo'n anghyfforddus yma,' atebodd Jupp. 'Mi ydw i'n un o'r *immigrants* 'na maen nhw'n sôn amdanyn nhw.'

Yn y dyddiau cyn y refferendwm, wrth i mi aros fy nhro yn yr archfarchnad – gyda fy nhroli yn cynnwys caws o Ffrainc a'r Iseldiroedd, gwin ac orenau o Sbaen, olewydd o Roeg, olew olewydd o'r Eidal, llus o Wlad Pwyl a siocled o Wlad Belg – dechreuodd sgwrs.

'Dw i'n fotio i adal,' meddai'r ddynas o fy mlaen wrth y dyn o'i blaen hithau.

'A finna,' medda fo. 'Gormod o blydi *immigrants* yma rŵan.'

Branca oedd enw'r ferch wrth y til yn ôl ei bathodyn. Symudodd ychydig yn ei chadair. Synhwyrais ei bod yn teimlo'n anghyfforddus a dywedais,

'Un o'r Almaen ydi 'ngŵr i, felly beth am bwyllo chydig cyn sôn am blydi *immigrants*.'

Gwenodd Branca arnaf.

'Dw i'n dod o Bortiwgal,' meddai, 'ond yn fama cafodd fy mhlant i eu geni ac maen nhw'n siarad Cymraeg.'

'O, 'dan ni ddim yn golygu chdi, Branca,' meddai'r ddynas oedd wedi dechrau pethau.

'Felly pwy ydach chi'n olygu?' gofynnais.

'Wel . . . pobol dduon a Pwyliaid,' meddai'n dalog.

'Dynas ddu o Gaerdydd sy'n siarad Cymraeg ydi fy nghardiolegydd . . . a heblaw amdani mwya tebyg y byswn i wedi marw,' dywedais, ' . . . ac ydach chi ddim yn gwbod bod cannoedd o beilotiaid o Wlad Pwyl wedi helpu'r RAF i ennill y Battle of Britain?'

Roedd fy sylwadau wedi creu distawrwydd anghyfforddus a lanwyd gan y dyn yn y blaen, a oedd erbyn hyn yn rhoi ei neges mewn bag.

'Wel, mae'n rhaid i ni gael rheolaeth yn ôl oddi wrth yr *unelected bureaucrats*'na'n Brussels.'

'Swnio i mi fel 'sach chi 'rioed wedi pleidleisio mewn etholiad ar gyfer Senedd Ewrop,' dywedais.

Ffwcio chdi'r bastad homo. Ddim yn uchel, dim ond siâp ceg, cyn gafael yn ei fagiau.

Roeddem yn yfed jin a thonic cyn swper a finnau'n trio penderfynu a oeddwn am grybwyll y digwyddiad yn yr archfarchnad wrth Jupp. Roedd cael fy ngalw'n 'fastad homo' yn rhywbeth roeddwn wedi dysgu'i anwybyddu ar ôl bron i hanner can mlynedd o gael fy ngalw'n enwau tebyg, ond roeddwn wedi cael fy styrbio gan ba mor rhydd y teimlai'r ddau yn y ciw i fod yn agored gas. Petai ond yn un digwyddiad efallai na fyddai cymaint o arwyddocâd iddo, ond bob dydd yn y *Guardian* roedd adroddiadau am y cynnydd mewn digwyddiadau senoffobig, hiliol a homoffobig yn yr wythnosau ers i'r Bregsitwyr ddechrau cynhyrfu'r dyfroedd ynglŷn â gwahaniaethau – a rhoi y 'great' yn ôl yn Great Britain. Doeddwn i heb ystyried fy ymateb yn iawn, felly dewisais drywydd arall.

'Dw i ddim isio colli fy ninasyddiaeth Ewropeaidd,' dywedais. 'Am ba hyd fyddai'n rhaid i mi fyw yn yr Almaen cyn y gallwn i ddod yn ddinesydd?'

'Gan bod ni'n briod dw i'n meddwl y bydda fo'n eitha otomatig ar ôl tair neu bedair blynedd,' atebodd. 'Ond ddaw hi ddim i hynny; fedra i ddim credu y bydd y Prydeiniwr cyffredin yn cael ei dwyllo gan bethau fatha Boris a'r Mr Gove 'na.'

'Ond be os . . . ?'

Rhoddodd ochenaid hir gan lenwi ei fochau ag aer a dweud, 'Os bydd Prydain yn gadael yr UE mwya tebyg na fyddai hi'n bosib i ti gael dinasyddiaeth ddeuol; tydi'r Almaen ond yn caniatáu hynny i aelodau eraill yr UE . . . ac i'r Twrciaid oherwydd holl hanes y *Gastarbeiter.*'

'Ac mae'n siŵr byddai'n rhaid i mi allu siarad Almaeneg?'

'Fyswn i ddim yn poeni llawer am hynny. Mewn tair neu bedair blynedd, tasat ti'n byw yna, hyd yn oed efo dy "ddawn" di am ieithoedd a'r "broblem" honno sgen ti efo gramadeg . . . mi fysat ti jest yn bigo fo fyny,' meddai. 'Ond sut fysat ti'n teimlo ynglŷn â rhoi'r gora i dy ddinasyddiaeth Brydeinig?'

Fy nhro i oedd hi i ochneidio.

'Ti'n gwbod mai ystyried fy hun yn Gymro ydw i yn gyntaf . . . felly tydi'r pasbort Prydeinig, y statws cyfreithiol sgen i ar hyn o bryd fel dinesydd Prydeinig, ddim wir yn dweud unrhyw beth ynglŷn â phwy dw i'n ystyried ydw i . . . felly mi fyswn i'n dal yn gymaint o Gymro petai'r holl waith papur cyfreithiol yn Almaenig.'

'Dw i wir ddim yn credu y daw hi i hynny,' meddai â gwên lawn cysur. Cymerodd gegiad dda o'i jin. 'A tydw i ddim yn siŵr a fyddwn i'n dewis setlo yn yr Almaen. Nefoedd, yr holl ddynion 'na mewn trowsusau tri chwarter *lime green* a chrysau-T *baby-blue*.' Ysgydwodd ei ben. 'A'r holl ffurfioldeb. Pan oeddwn i'n gweithio yn y brifysgol roedd yr holl Almaenwyr oedd yn rhan o'r diploma tri-phlyg yn dweud *Sie* wrth naill a'r llall – roedd hi wastad yn *Herr Doktor* hyn a *Frau* peth arall – fel petai gan neb enw cyntaf. Falla ddylan ni fynd i Bortiwgal neu i Sbaen?'

Rhoddwyd ein tŷ ar werth lai nag wythnos ar ôl i'r Bregsitwyr ddathlu eu buddugoliaeth yn y refferendwm . . . gymaint oedd ein siom, mor chwerw oedd ein teimlad o gael ein bradychu. Roeddem yn amcangyfrif, gyda'n celc ar gyfer ymddeol, ein pensiynau, ein cynilion a'r hyn roeddem yn gobeithio ei gael am y tŷ, y gallem fyw – byw yn gynnil – am ddeng mlynedd ar hugain . . . a phetai o neu fi yn cyrraedd y naw deg byddai'n rhaid i ni gael gafael ar ddyn ifanc cyfoethog i edrych ar ein holau! Prisiwyd y tŷ gan yr asiant yn is nag oedden ni wedi'i obeithio, er gwaetha'n dadleuon ynglŷn â'r lleoliad, y golygfeydd dros yr aber tuag at Gader Idris, y gwaith adnewyddu oedd wedi'i wneud, a throsiant sylweddol y busnes gwely a brecwast . . . ond ein penderfyniad oedd ei roi ar y farchnad ar bris uwch gan gredu y gallem ei ostwng petai angen.

Aeth y ddau ohonom i Mallorca am ychydig ddyddiau – i gael golwg – a sylweddoli bod Palma a'r cymunedau gerllaw yn rhy ddrud; roedd mewnfudwyr, Almaenwyr yn bennaf, wedi gwthio'r prisiau i fyny, yn union fel roedd y Saeson wedi gwthio'r prisiau i fyny yn ardaloedd tlws y Gymru wledig. Gartref, daeth cwpl o ganolbarth Lloegr i weld y tŷ; roedd yn ymddangos bod ganddynt ddiddordeb.

Ar ôl treulio penwythnos hir gyda ffrindiau ym Marcelona, ein penderfyniad oedd bod arogleuon y draeniau yn yr haf yn rheswm i'w thynnu oddi ar y rhestr fer ond bod Vilanova, yn agos at Sitges, yn bosibilrwydd.

Fe wnaethom gyd-weld i werthu'r tŷ i brynwyr 'arian sychion' o Stratford oedd eisiau tŷ haf. Roeddynt yn berffaith fodlon talu'r pris gofyn ac roedden ninnau'n fodlon anwybyddu'n hanesmwythyd ynglŷn â'i werthu fel tŷ haf i Saeson. Roedd ein cymydog am bedair blynedd, Cynghorydd Sir Plaid Cymru Bermo, wedi gwerthu i deulu o Loegr y flwyddyn cynt a rhywsut roedd hynny'n ei gwneud hi'n iawn i ninnau wneud yr un peth . . . ond, o edrych yn ôl, roedd hynny'n gyfiawnhad tila dros rywbeth nad oedd bosib ei gyfiawnhau. Nid oedd yr un ohonom wedi cymryd at y cwpl oedd yn prynu'n tŷ, ond byddai'n gyfle i werthu'n sydyn ac roedd fel petai'n arwydd bod ffawd o'n plaid ac mai troi ein cefnau ar Brydain Brexit oedd y peth iawn i'w wneud.

Aethom am drip sydyn i orllewin yr Algarve, i Tavira, lle buom ar wyliau flynyddoedd lawer ynghynt, ond nid oedd gystal â'n hatgofion ac roeddem yn sylweddoli y byddai'r holl dwristiaid yn yr haf yn ei ddifetha fel lle i fyw.

Roedd y dyddiadau wedi'u pennu ar gyfer cyfnewid a chwblhau ar ein tŷ – roedd wedi cymryd naw mis o'r diwrnod hwnnw ym mis Mehefin. Ac yn ystod y misoedd hynny roedd brawd Jupp, ei frawd bach, wedi marw.

Bu Gerd farw'n sydyn iawn. Roedd wedi bod â chur pen ers ychydig ddyddiau, ond roedd yn gur pen eithafol a di-baid. Anfonwyd ef gan ei feddyg teulu i'r ysbyty leol i gael sgan. Roedd yna rywbeth yna . . . felly fe'i trosglwyddwyd i ysbyty'r brifysgol yn Aachen lle y canfuwyd tiwmor ar goesyn yr ymennydd. Wnaeth o ddim dadebru ar ôl y llawdriniaeth a bu farw'n araf ar ôl i'r holl beiriannau gael eu diffodd. Gerd oedd y mab a oedd wedi aros adref, a doedd o ond hanner cant a thair pan fu farw. Roedd wedi priodi, wedi cael plant, wedi dod yn gyfrifol am y busnes teuluol, wedi mynd yn fethdalwr ac wedi ysgaru, ond bu'n fab gofalgar i'w rieni wrth iddynt heneiddio, ac roeddynt hwy, yn eu tro, wedi dod i ddibynnu arno yntau, yn arbennig wrth i glefyd Alzheimer ei dad ddod yn amlwg.

Mae yna bron gilomedr o'r eglwys ar sgwâr y pentref i'r fynwent; roedd yr arch, yn cael ei gwthio ar elor tu ôl i'r offeiriad ac yntau'n siglo thuser ac adrodd gweddïau, wedi cyrraedd y bedd cyn i'r olaf o'r galarwyr adael y sgwâr. Buom ni, y teulu a'r offeiriad, yn sefyll wrth y bedd agored am chwarter awr a'r orymdaith yn dal i lifo i mewn i'r ardd goffa ddestlus, gardd goffa a allai sicrhau digon o gwsmeriaid i o leiaf un siop flodau trwy gydol y flwyddyn. Syllais i mewn i'r twll, a deisyfu y byddai'n bosib cyflymu holl ddefod angladdol yr Eglwys Gatholig Rufeinig. Ymddangosai mam Jupp yn fregus a blinderus yn gafael ym mraich ei gŵr ffwndrus, a phlant Gerd, yn eu hugeiniau, yn welw a'u llygaid yn goch, yn edrych yn ddryslyd. Ystyriais a oedd yna 'gynnig arbennig' wedi bod ar yr holl rosod ar y beddau o'n hamgylch, a oeddynt yn flodau masnach deg, ac a oedd ymweld â'r meirw wedi datblygu'n obsesiwn morbid . . . nid oedd yna'r un potyn o flodau wedi gwywo – rhywbeth sydd mor gyfarwydd ym mynwentydd Cymru yn fy mhrofiad i – ac roedd y lliwiau yn cyd-fynd â'i gilydd; os mai rhosod coch oedd mis Medi, tybed be fyddai'r thema fis Hydref? Meddyliais hefyd am y dynion ifanc, tua chant ohonynt, rhai a oedd wedi dianc o'r fyddin yn bennaf, a ddienyddiwyd yn y cae tawel hwn yn sgil ymadawiad y Natsïaid. Does yna ddim cofeb i gofio amdanynt . . . na rhosyn o unrhyw liw.

Roedd Jupp wedi bod yn yr Almaen ers bron i byth-efnos erbyn diwrnod yr angladd; mi wnes i hedfan yno am ddwy noson yn unig. Cyn yr wylnos y noson cynt aethom i edrych ar y tŷ a adeiladodd ei rieni fel eu cartref teuluol cyntaf. Roedd wedi bod ar osod ers dros ddeugain mlynedd; tai ac eiddo oedd cynllun pensiwn y teulu Korsten! Oherwydd clefyd Alzheimer Ernst-Peter roedd yr holl dai wedi'u hesgeuluso ers sawl blwyddyn ac wedi mynd yn hen fel eu perchnogion. Pan ddaeth y denantiaeth i ben ychydig fisoedd ynghynt roedd angen cryn waith arno i'w wneud yn ffit i fyw ynddo – ond doedd dim byd wedi cael ei wneud. Roedd y lle'n fudr, yn dywyll a phopeth yn arddull y chwedegau, ond heb nodweddion 'retro' i wneud iawn am hynny . . . ond byddem yn gallu ei wneud yn gartref cyfforddus – ac yn y cae y tu ôl i'r tŷ roedd alpacas a changarŵs, a'r rheini'n sbort i'w gwylio. Y bore cyn yr angladd agorodd y ddau ohonom gyfrif banc, trefnu cyswllt ffôn a rhyngrwyd a chofrestru gyda chwmni yswiriant iechyd. Roedd y mudo, ychydig llai na blwyddyn ar ôl i Brydain bleidleisio i adael yr UE, wedi digwydd yn syndod o ddidrafferth.

Yn Saesneg y gwnaeth y ddau ohonom syrthio mewn cariad . . . crëwyd ein perthynas dros y degawdau yn Saesneg . . . felly, yn yr un modd ag y bu'n anodd siarad Cymraeg ar ôl i Jupp dreulio wythnosau yn Nant Gwrtheyrn wedi i ni symud i Gymru o Lerpwl, roedd hi'n amhosib yn y misoedd cyntaf i ni newid iaith y cartref i'r Almaeneg. Sylfaenol iawn oedd fy ngafael ar yr iaith ac roedd cymaint o'n sgyrsiau yn rhai lle roedd yn bwysig osgoi camddealltwriaeth. Roedd dirywiad ei dad, a'r gofal y gallen ni ei gynnig, ac anallu ei fam i ddygymod â'r sefyllfa ar adegau, yn destun sgwrs beunyddiol.

Yn yr wythnosau cyntaf cawsom ein synnu gan y fiwrocratiaeth sydd yn rhan annatod o fywyd bob dydd yn yr Almaen. Ar ôl cyrraedd Effeld yn yr oriau mân un bore Sadwrn, roedd rhaid mynd i neuadd y dref peth cyntaf fore Llun i gofrestru'r ffaith ein bod yn byw yno.

'Mi ydach chi mewn Partneriaeth Sifil?' Mae'r wraig sy'n holi'n ddigon cyfeillgar. Dw i'n rhyfeddu ei bod yn gallu teipio gydag ewinedd mor hir ac addurnedig.

''Dan ni'n briod,' meddai Jupp.

'Mae hynny'n amhosib,' ateba'r wraig. 'Tydi hynny ddim yn gyfreithlon yn y wlad hon.'

'Mi oeddan ni'n briod yng Nghymru,' mynna Jupp, a dw i'n meddwl tybed a fydd rhaid i ni fynd trwy'r holl gybôl o'r modd y bu i ni gael ein 'haddasu' ar ôl i'r gyfraith newid yn 2013, fel bod posib i rai a fu mewn Partneriaeth Sifil gael statws rhai wedi priodi . . . a pham, o'r herwydd, bod ein tystysgrif briodas wedi'i hôl-ddyddio i ddyddiad ein Partneriaeth Sifil wreiddiol ym mis Ebrill 2006.

'Wel, tydi'ch priodas ddim yn cael ei chydnabod yn y wlad hon, felly does yna ddim blwch ar y ffurflen y galla i ei lenwi,' mynna'r wraig.

Roedd gen i ddigon o Almaeneg i ddeall yr hyn roedd hi'n ei ddweud, ond ddim digon i fynegi pa mor warthus yr ystyriwn fod gwas sifil yn un o wledydd yr UE yn dweud wrthon ni nad oedd ein priodas yn cael ei chydnabod gan y wladwriaeth.

'Mi wna i roi tic gyferbyn â Phartneriaeth Sifil,' oedd ei chynnig.

'Ond wedyn fe fydd eich cofrestriad swyddogol ohonom fel cwpl yn anghywir, oherwydd mi ydan ni'n briod,' mynna Jupp.

'Tydi o ddim bwys,' meddai'n ddi-hid. 'Mae o'n golygu'r un peth.'

'Nag ydi, tydi o ddim yr un peth,' meddai Jupp gan barhau i ddadlau. 'Mi ydan ni'n briod.'

'Does yna ddim blwch ar gyfer hynny . . .'

'Mae gen i'n tystysgrif briodas.'

'Does yna ddim blwch,' meddai gan dorri ar draws, a'i thôn yn ddiamynedd a'r dystysgrif yn cael ei hanwyb-yddu gyda symudiad o'i llaw. 'Does yna ddim blwch.'

Mae Jupp yn plygu'n tystysgrif yn bwyllog a'i hannog yn ôl i mewn i'r amlen.

'Dw i'n synnu'n fawr eich bod chi'n fodlon cael cofnod cofrestru anghywir —'

Mae hi'n torri ar draws eto. 'Nid fy mai i ydi o bod 'na ddim blwch. Rhaid i ni lenwi gweddill y manylion; does gen i ddim trwy'r dydd.'

Felly cawsom ein cofrestru yn anghywir.

Cafwyd sgyrsiau difyr gyda'n cwmni yswiriant iechyd hefyd, yn arbennig yn y misoedd cyntaf, a hynny'n llyncu amser ac egni. Doedden nhw ddim yn gallu deall sut oedd y ddau ohonom yn cynnal ein hunain yn yr Almaen a ninnau heb unrhyw incwm rheolaidd yn y wlad, a 'mhensiwn i'n cael ei dalu ym Mhrydain, ei drethu ym Mhrydain a'i dalu i mewn i gyfrif banc Prydeinig. Nid oedd eu ffurflenni caeth yn gofyn unrhyw gwestiynau am gyfalaf, er ein bod wedi trosglwyddo llawer iawn o arian o werthiant y tŷ i'n cyfrif banc yn yr Almaen a bod gennym yn sicr ddigon i fyw arno am flynyddoedd. Yr unig beth roeddynt am ei wybod oedd manylion ein hincwm misol; gyda llinell trwy'r blwch incwm misol nid oedd ganddynt syniad eglur faint ddylem ei dalu am y pecyn gofal iechyd, ond ar ôl sawl llythyr a sawl galwad ffôn penderfynwyd y dylem dalu'r isafswm.

Roedd yna hefyd wahaniaethau rhwng dau ddiwylliant a oedd yn gofyn amynedd a newid agweddau; bu'r dreth cŵn, a pham bod rhaid i ni dalu mwy na dwbl am yr ail gi, yn ein poeni am wythnosau. Wrth gwrs, does dim manteision – dim wardeniaid cŵn, dim bagiau baw na biniau ar eu cyfer – i ddweud y gwir, mi ddois i gredu yn fuan iawn mai mynegiant o ddicter pawb ynglŷn â gorfod talu cymaint bob blwyddyn oedd y ffaith eu bod yn gadael i'w cŵn fawa ym mhobman. Mae baw cŵn yn broblem. Ond mae yna hefyd baradocs: mae'r rhan fwyaf o'r lawntiau a'r gwelyau blodau wedi cael eu clirio o erddi ffrynt Effeld ac yn eu lle mae 'gerddi cerrig' hyll . . . gro mân, cerrig crynion a cherrig eraill o bob lliw a llun, wedi'u gosod fel byrddau draffts, symbolau *yin* a *yang*, cylchoedd o fewn cylchoedd – hyn oll er mwyn arbed amser. A beth mae cymaint o Almaenwyr yn ei wneud â'r amser hwn? Maent yn treulio boreau Sadwrn ar eu pengliniau'n crafu chwyn a mwsogl o'r craciau rhwng y cerrig fel bod y palmant o flaen eu tŷ yn . . . llwyfan dilychwin ar gyfer cerflun baw ci.

Mae yna adeg o'r dydd pan ganiateir defnyddio peiriannau swnllyd ac adegau pan maent wedi'u gwahardd. Nid yw'n cael ei ystyried yn dderbyniol tannu dillad ar y Sul – ond ychydig iawn o dai sydd â lein ddillad; mae'r sychwr wedi disodli'r lein ddillad ers talwm. Mae'r siopau wedi cau ar bnawn Sadwrn – a thrwy'r dydd ar y Sul. Mae'r diwrnod gwaith yn dechrau am 7:30 – felly mae'n bosib cael apwyntiad efo'r meddyg neu'r deintydd cyn wyth y bore ac yn aml daw galwadau ffôn rhwng hanner awr wedi saith ac wyth . . . a ninnau ond newydd ddeffro ac yn gwrando ar y newyddion.

Rydw i wedi datblygu diddordeb yn y newyddion teithio ar y radio yn y boreau. Rydym yn byw yng Nordrhein-Westfalen, y dalaith fwyaf poblog yn yr Almaen – bron i 18 miliwn o bobl mewn lle ychydig bach yn fwy na Chymru – gyda nifer o ddinasoedd mawrion a chlymdrefi diwydiannol. Mae'r newyddion teithio fel arfer yn dechrau, mewn ffordd ddiddrama, gyda datganiad am y tagfeydd traffig ar draws y dalaith: 'Bore heddiw mae yna . . . 473 cilometr o dagfeydd traffig; 396 cilometr o dagfeydd traffig; 242 cilometr . . . 197 cilometr . . . 583 cilometr . . . ac yna, am ddau neu dri munud, neu hyd yn oed hirach, daw rhestr o broblemau penodol ac amcangyfrif o'r amser y cymer i fynd heibio iddynt. Wrth gwrs, does yna ddim cyfyngiad cyflymder ar yr *Autobahnen* yn yr Almaen – gyrrwch cyn gyflymed â 'dach chi isio . . . ond peidiwch â chael eich dal yn y tagfeydd os ydych chi am gyrraedd ar amser rhesymol! A gyrrwch mor agos ag y medrwch at y car o'ch blaen . . . a pheidiwch â rhoi arwydd eich bod am droi, yn arbennig wrth adael cylchfan. Ar ffyrdd llai does yna ddim llygaid cathod yn y canol, er bod ochr y ffordd wedi'i marcio. Gan fy mod i wedi dysgu gyrru ar ffyrdd culion Cymru gyda chloddiau cerrig yn ymwthio i'r ffordd, fy nhueddiad yw dilyn y llinell ar ganol y ffordd; ond heb lygaid cathod mae hynny'n amhosib yma ac mae gyrru yn y nos yn peri dryswch i mi.

Ym mhen draw ein stryd mae yna lôn drol sy'n arwain i mewn i gae asbaragws. Cwmni o'r Iseldiroedd sy'n gyfrifol am y cae a phob dydd, yn ystod y tymor byr o wyth wythnos, mae bws yn cyrraedd gyda hanner cant o weithwyr er mwyn codi'r trysor o'r tir. Tu hwnt i'r cae mae yna lyn – lle mae ein cŵn defaid Cymreig, Wash a Nel, wedi darganfod bod nofio ar ôl chwid yn gymaint o hwyl â dawnsio gyda gwylanod ar draeth Dyffryn (ond maent yn gadael llonydd i'r Gwyddau Canada) – a thu hwnt i'r llyn mae coedwig, lle mae arogleuon ceirw a baeddod gwyllt yn denu Nel i wibio i ffwrdd. Ac yna rydych chi yn yr Iseldiroedd. Does yna ddim rheolaeth ar y ffin wrth gwrs; rydym yn yr Undeb Ewropeaidd, ond ar ei hyd, os edrychwch chi'n ddigon gofalus, mae olion hanes – pyst concrid tal yn dynodi'r ffin fel meini hirion chwedlonol, cloddiau pridd hirion a oedd yn cynnig ychydig gysgod i'r rhai oedd yn y ffosydd adeg rhyfel, bellach yn wair drostynt, a hyd yn ocd olion hen, hen derfynau tiriogaethau anghofiedig. Lle mae'r ffordd fawr yn croesi'r ffin, mae yna fwyty Croataidd yn yr hen adeilad tollau Almaenig a chaffi hufen iâ lle bu'r Iseldirwyr yn rheoli'r ffin.

Mae'r wlad o amgylch y pentref yn baradwys i drogod. Rydym yn edrych yn ofalus arnom ein hunain ac ar y cŵn bob dydd. Bydd Wash, sydd wrth ei fodd yn cael mwythau, weithiau'n tynnu fy llaw yn ôl gyda'i bawen nes 'mod i wedi darganfod y drogen dw i wedi'i methu … sydd yn gwneud i mi feddwl eu bod yn annifyr os nad yn boenus. Mae Nel, nad yw'n gallu ymlacio'n hawdd, yn fwy o her wrth i ni chwilio am y sugnwyr gwaed chwyddedig. Ar y dyddiau pan mae hi'n chwyrnu wrth i ni redeg ein bysedd trwy'r blew ar ei bol a'i brest rydym yn methu un neu ddwy – ac yna cawn hyd i bledren o waed gymaint â physen yn y buarth neu ar ei gwely . . . neu ar y carped Persiaidd yn yr ystafell fyw!

Bu Ernst-Peter, fy nhad-yng-nghyfraith, yn cadw cŵn erioed; roedd yn heliwr cyn y bu rhaid mynd â'r gynnau o'r cwpwrdd pwrpasol yn ei ystafell hela oherwydd ei glefyd Alzheimer. Mae o'n dda am gael gafael ar y trogod ar Wash, ond mae Nel fel petai'n synhwyro ei fod yn wahanol a tydi hi ddim yn ffrindiau efo fo. Wrth fynd am dro yn y goedwig un diwrnod deffrodd drwyddo – ein cŵn ni, yn rhedeg trwy'r coed, yn tanio rhyw atgof. Esboniodd, mewn manylder gwaedlyd, sut yr arferai hyfforddi ei gŵn hela; byddai'n llusgo ysgyfarnog roedd wedi'i saethu trwy'r goedwig, gan osod trywydd, ac yna gollwng ei hoff *Deutsche Langhaar* (Cyfeirgwn Almaenig oedd ganddo wastad) er mwyn iddynt ei ddarganfod. Er bod y ddau ohonom yn casáu'r syniad o hela er mwyn hwyl a phleser, roedd y ffaith bod ein cŵn wedi mynd ag Ernst-Peter yn ôl i ryw ddiwrnod yn ei orffennol coll yn gwneud i ni wenu. Roeddem yn gwenu hefyd pan afaelodd yn llaw Jutta a'i harwain i ddawnsio i alawon y canwr o'r Iseldiroedd. Tydi o ddim yn siŵr erbyn hyn pwy ydi hi – weithiau ei ferch, weithiau ei wraig . . . neu ar adegau dim ond 'Jutta'. Roedd baledi'r chwedegau ar brynhawn gŵyl banc diog mewn gardd gwrw yn yr Iseldiroedd yn amlwg wedi ailddeffro ei esgidiau dawnsio, ac mi oeddynt yn troelli a llithro i rythmau 'Delilah' a 'Green, green grass of home' yn cael eu canu yn yr hyn a swniai fel y dafodiaith leol.

Wrth i mi ddod yn fwy cyfarwydd ag Almaeneg gyfoes safonol – *Hochdeutsch* – rwy'n sylweddoli bod Ernst-Peter yn siarad *Effelder Platt* ar y cyfan. Mae galw hon yn dafodiaith leol yn ei bychanu, os nad ydym yn derbyn y diffiniad o dafodiaith fel 'ffurf arbennig o iaith sydd yn gysylltiedig yn benodol ag ardal neu grŵp cymdeith-asol neilltuol'. Mae gan *Effelder Platt* fwy yn gyffredin â Limbwrgeg – ffurf gyffredin ar lafar o Hen Iseldireg – na gyda *Hochdeutsch*. Yn yr holl drefi a phentrefi yn nhiroedd y ffin yn yr Iseldiroedd a Gwlad Belg yr iaith a siaredir bob dydd yw Limbwrgeg, ac mae tua 1.6 miliwn o bobl yn ei hystyried yn famiaith iddynt. Cofnodwyd Limbwrgeg gyntaf yn yr unfed ganrif ar ddeg, a phery i gael ei chydnabod fel iaith leiafrifol swyddogol yng Ngwlad Belg ac yn yr Iseldiroedd. Ar y llaw arall, nid yw'r fersiwn Almaenaidd, a siaredir yn gyffredin dros ddarn sylweddol o'r gororau, yn cael ei chydnabod gan lywodraeth genedlaethol yr Almaen ac nid oes cofnod swyddogol o'r nifer o siaradwyr yn yr Almaen.

Cerddwn dros y ffin hyd at y felin ddŵr – *die Gitstapper Mühle* – deirgwaith neu bedair bob wythnos; all Jutta ddim cerdded llawer pellach hyd yn oed gyda'i ffyn cerdded Nordig. Ym 1377 penderfynodd rhywun y byddai'r nant fechan, y *Rothenbach* (y Nant Goch neu'r *Roode Bek* mewn Limbwrgeg), yn ddelfrydol i ddarparu ynni ar gyfer melin flawd. Dim ond adeg Cyngres Fienna yn 1815 y daeth y nant yn ffin, yn nodi'r goror rhwng dwy genedl-wladwriaeth. Mae'r bwyty a'r ardd gwrw yn y felin yn boblogaidd gyda cherddwyr a beicwyr, ac er nad yw eu coffi y gorau yn yr ardal mae'n werth cerdded trwy'r goedwig i gael darn o'u tarten bricyll a reis. Pan oeddem yn blant mi oeddwn i a fy mrawd yn cwffio dros weddillion y pwdin reis yn y ddysgl. Roedd Tony wrth ei fodd efo'r croen wedi llosgi ychydig a hyd heddiw rwyf innau wrth fy modd â phwdin reis oer, trwchus, bron yn solet. Byddai tarten y felin yn 'her dechnegol' wych ar raglen *Bake Off*. Toes burum melys cyfoethog yw'r gwaelod, wedi'i rowlio'n denau a'i bobi'n wag fel petai'n grwst. Yna mae'n cael ei lenwi â phwdin reis – gyda melynwy a hufen ychwanegol – a'i bobi hyd nes bod y gymysgedd reis yn lled solet. Ar ôl iddo oeri, gosodir haen o fricyll wedi'u stiwio dros y reis ac yna hufen wedi'i guro ar ben y cwbl. Dywedwyd wrthyf, gan ffynhonnell ddibynadwy, mai'r ganmoliaeth fwyaf mae'n bosib ei rhoi i gogydd yn yr Iseldiroedd yw *Alsof er een engeltje over je tong piest*. Mae'n bosib wrth gwrs eu bod yn tynnu fy nghoes – ond mae'n wir bod blas tarten reis a bricyll *Gitstapper Mühle* 'fel angel bychan yn piso ar dy dafod'.

Gofynnir i mi'n aml a oes gen i hiraeth am Gymru. Mae gen i wrth gwrs hiraeth am bobl . . . ond rwyf wastad wedi credu, fel un nad yw ei wydryn wedi bod yn hanner gwag ers degawdau, bod bodlonrwydd yn dod o'r tu mewn, ac y bydd person sydd â natur hapus yn hapus lle bynnag y bo. Mae'r ffaith bod Cymru wedi pleidleisio i adael yr Undeb Ewropeaidd yn siom enbyd i mi ac mae hynny'n gwneud pethau'n haws; yn ystod y pyliau prin hynny o ymdrybaeddu mewn hiraeth all ddod ar fy ngwarthaf ar yr adegau rhyfeddaf, rwy'n atgoffa fy hun pa Gymru bynnag dw i'n hiraethu amdani, nid honno yw'r Gymru a ddaeth i'r amlwg y diwrnod hwnnw yn 2016.

Pan grybwyllwn Brexit yma gwelwn wynebau llawn penbleth, ysgwyddau'n codi, dwylo yn yr awyr . . . pennau'n ysgwyd mewn anghrediniaeth. Os byddwn yn sôn am Boris, ar y cyfan mae pobl yn chwerthin ac yn gofyn sut y gall y ffasiwn ffŵl fod â chymaint o ddylanwad ar wleidyddiaeth Prydain. Nid oes neb wedi clywed am Gove ac mae enw Theresa May yn peri i linellau o ddirmyg ymddangos ar eu hwynebau. Ar y cyfan, nid yw'r bobl yma'n deall y cysyniad o Brexit caled neu Brexit meddal – onid yw gadael yn golygu gadael? Os dewiswch adael clwb 'dach chi ddim yn trafod pa rai o freintiau'r clwb i'w cadw . . . nac ydach? Rydym yn gwrando ar newyddion y BBC ac yn darllen yr hyn mae ffrindiau yn ei roi ar y cyfryngau cymdeithasol – ac weithiau'n digalonni. Am yn hir nid oedd llawer o sôn am Brexit ar y cyfryngau yn yr Almaen, er bod ffars yr annibendod yn yr wythnosau yn arwain at y gadael a oedd i fod i ddigwydd fis Mawrth 2019 fel arfer yn cael sylw ar y newyddion nosweithiol, ac adeg honno cefais yr argraff bod y darllenwyr newyddion yn cael trafferth cadw wyneb syth. I fod yn onest, dw i'n credu bod y mwyafrif o'r Almaenwyr yn teimlo tristwch diffuant ynglŷn â Brexit – ond mae bywyd yn mynd yn ei flaen yma ac yn y tymor hir prin iawn fydd effaith ymadawiad Prydain ar fywyd o ddydd i ddydd.

2
Ystafelloedd gyda golygfeydd

Weithiau byddai Ernst-Peter yn dod efo fi i fynd â'r cŵn am dro. Yn yr wythnosau cyntaf sylweddolais fod gan y ddau ohonom lawer yn gyffredin: nid oedd ymennydd y naill na'r llall ohonom wedi'i addasu ar gyfer yr eiliad hon. Roedd fy nealltwriaeth o'r iaith yn methu'n aml ... erbyn i mi ddeall yr hyn oedd yn cael ei ddweud wrtha i a chreu fy ymateb roedd yr ennyd wedi pasio. Gan fy mod yn un sy'n mwynhau siarad, a chlywed ac adrodd straeon, roedd hyn yn rhwystredig iawn. Gydag amser, ymarfer ac ymdrech byddai fy ngallu, wrth gwrs, yn gwella. Nid oedd fawr o obaith y byddai Ernst-Peter yn adennill ei allu; mae clefyd Alzheimer yn greulon mewn unrhyw iaith.

Roedd wrth ei fodd efo'r cŵn; byddai'n taflu ffon iddynt ac yn teimlo o amgylch eu clustiau am drogod – ac yn chwerthin ar gampiau chwareus Nel. Ond allai o ddim dal gafael ar eu henwau; 'yr un du' a'r 'un brown' oeddan nhw. Pan oedd Ernst-Peter gyda ni doedden ni ddim yn cerdded ymhell; weithiau nid oedd ond am gerdded cylchdaith fechan – golygai hynny fynd heibio'r cae lle porai'r alpacas a'r cangarŵs; roeddynt yn syndod iddo bob tro – ac yn syndod i'r cŵn. Rai dyddiau byddem yn cerdded i'r caffi ger y felin ddŵr yn yr Iseldiroedd i gael coffi neu gwrw, a tharten reis gyda cheirios, ffefryn

Ernst-Peter . . . neu ar hyd glan y llyn cyn belled â'r crwbanod dŵr – byddent yn yr un man bob tro, yn torheulo ar foncyff a oedd hanner i mewn a hanner allan o'r dŵr. Byddai Nel yn eistedd ar y lan gan edrych arnynt gyda diddordeb, a byddai Wash mewn penbleth wrth iddynt lithro oddi ar eu clwyd i'r dŵr a diflannu. Roedd diddordeb Ernst-Peter ynddynt yn bleser i'w weld, ond roedd bod yn ei gwmni yn gwneud i mi feddwl yn aml am flynyddoedd olaf ffwndrus fy mam.

Roeddwn yn teimlo'n annifyr bob tro y siaradai hi efo fi yn Saesneg. Cymraeg oedd yr iaith a siaradem efo'n gilydd bob tro, os nad oedd angen cynnwys Saeson uniaith yn y sgwrs. Roedd hi'n rhugl yn y ddwy iaith wrth gwrs, ond yn Saesneg roedd ganddi lais ffôn ymhonnus, gan ynganu enwau cymdogion a'r pentrefi cyfagos mewn rhyw erthyl o acen. Gan gofio bod y gerontolegydd wedi'n cynghori i beidio ei gwrth-ddweud, na cheisio rhy galed i brofi be oedd yn wir – pethau na fyddent ond yn ei ffwndro'n waeth a'i gwneud yn fwy anniddig – ni fyddem ond yn mân siarad . . . trafod y tywydd, neu'r ffaith bod y gellyg, a oedd wedi ymddangos yn wyrthiol yn y ddysgl ffrwythau, yn dal yn rhy galed . . . bod croen grawnwin coch yn fwy gwydn na chroen grawnwin gwyrdd – er bod yn well ganddi'r rhai coch . . . neu fod Terry wedi bod yn eistedd gyda hi – er na ddywedodd o air. Yn aml byddai'n ceisio disgrifio pa mor dywyll oedd y dyddiau a pha mor llachar y gallai hi fod yn y nos, ac am sbel roedd hyn yn ddirgelwch i mi . . . hyd nes i mi sylweddoli bod ei rhythmau circadaidd wedi'u drysu gan niwronau prin o ocsigen, rhywbeth nodweddiadol o ddementia fasgwlar.

Dim ond unwaith, yn ystod un o'r seibiau mynych yn ein sgyrsiau pytiog, gofynnais iddi pam nad oedden ni'n siarad Cymraeg . . . gyda'i llygaid dyfrllyd â'u hymylon coch rhythodd arnaf yn dreiddgar, fel petai'n chwilio am ryw ateb cywir a oedd wedi llwyddo i ddianc.

'Tydi Terry heb ddod adra eto,' meddai cyn hyd yn oed dweud helô.

Dw i ddim yn hoff o'r cogio-bach-ac-esgus ond dyna oedd cyngor y meddyg.

'Ydi o wedi mynd ers hir?' holaf.

Mae hi'n dweud ei fod wedi mynd i'w waith, fel arfer. Mae rhywbeth wedi colli i lawr blaen ei blows, rhywbeth coch fel gwaed. Rwy'n awgrymu fy mod yn ei chynorthwyo i newid i ddilledyn glân. Mae'n mynnu nad oes angen.

'Wyt ti'n meddwl bod o'n iawn?' hola.

Dw i'n ei sicrhau bod Terry mwyaf tebyg yn dal yn ei waith ac yn awgrymu eto ein bod yn newid y flows . . . er mwyn iddi gael edrych yn ddel erbyn daw o adra. Ar ôl dim ond eiliad o betruso mae'n ildio. Mae ei bysedd yn gam gyda chryd cymalau ac yn cael trafferth gyda'r botymau bach perlog cain, ac mae ewin yn bachu yn y defnydd ysgafn rhwyllog.

'Mae o'n sownd,' meddai, gan dynnu ar yr edefyn.

Rwy'n rhyddhau ei bys o'r edau gotwm ac yn datod y botymau i gyd, gan esbonio y byddaf yn torri ei hewinedd ar ôl newid y flows. Nid yw'n gwisgo fest na bra ac wrth weld ei bronnau wedi crebachu â'u gwythiennau gleision, mi ydw i'n teimlo'n fregus mwyaf sydyn . . . fel petawn i'n gwneud rhywbeth anaddas – anghywir, hyd yn oed . . .

rhywbeth sydd yn rhy bersonol i fab ei wneud i'w fam. Mae fy anesmwythyd yn lledu wrth iddi fethu penderfynu pa flows i'w gwisgo, ac yn y munudau anghyfforddus hynny rwy'n meddwl tybed pa 'bethau personol' eraill y bydd rhaid i mi eu gwneud iddi . . . ac a fyddaf yn gallu eu gwneud.

Rwy'n torri a ffeilio ei hewinedd bob pythefnos – ar wahân i'r adegau pan mae'n gwrthod gadael i mi wneud – ac rwy'n tylino hufen dwylo lafant i'w chroen papur sidan, ac mae'n hoffi hynny gan nad ydi'r hufen yn rhy seimllyd. Mae ciropodydd y Gwasanaeth Iechyd yn trin ei thraed bob mis . . . heblaw'r adegau pan nad yw'n ymddangos; dw i ddim yn gyfforddus â'r bodiau cam a'r ewinedd sy'n magu ffwng. Unwaith, ar ôl i'r ciropodydd beidio ymddangos am y trydydd tro, talais am bodiatrydd preifat. Roedd yn twt-twtian am gyflwr traed Megan ac yn argymell sliperi newydd o leiaf unwaith y mis, 'oherwydd ma' slipars, pan ma' nhw'n cael eu gwisgo trwy'r dydd, bob dydd, yn magu *fungal spores*'. Rwy'n prynu dau bâr newydd o sliperi, fel bod un pâr bob tro'n cael ei olchi gyda fy nhreinyrs i. Mae Megan yn gwrthod gwisgo'r un o'r ddau bâr . . . mae hyd yn oed yn achub yr hen rai afiach o'r bin ar ôl i mi adael.

'Ti'n edrych yn neis rŵan,' meddaf, gan roi'r clipar a'r ffeil yn ôl yn eu casyn bach. 'Gad i mi frwsio dy wallt di cyn i Terry ddod yn ôl.'

Mae'n edrych arnaf, cwestiwn yn ei llygaid.

'Pwy ydi Terry? Pa un ydi o?'

Mae hi'n troi tudalennau'r albwm lluniau sydd ag ôl defnydd arno. 'Maen nhw i gyd yn ddu a gwyn,' medd hithau o dan ei gwynt.

Rwy'n ei hannog i edrych yn fwy gofalus.

'O . . . ti 'di bod mewn priodas . . . 'san nhw'n edrych yn well mewn lliw.'

Dw i'n gofyn iddi a ydi hi'n nabod unrhyw un yn y lluniau.

'Nag ydw,' meddai, a gwthio'r albwm i ffwrdd.

Rwy'n troi'r tudalennau i'r llun o'r briodferch a'r priodfab gyda'u rhieni, a'r gwas a'r forwyn briodas. 'Ti'n gwbod pwy 'di rhein, yn dwyt?' meddaf, a'i hannog i edrych eto.

'Fi ydi honna?' meddai gan bwyntio at y briodferch ar ôl ystyried am sbel.

'Ia, chdi . . . drigain mlynedd yn ôl i heddiw . . . pan wnest ti briodi.'

'O,' meddai. Mae'n edrych yn amheus ac yn ysgwyd ei phen y mymryn lleiaf. Mae'n edrych eto ar y llun ac yn gwenu. 'Ma'r costiwm yna dal gen i . . . ma' hi'n hongian yn y wardrob.'

Rydw i'n gwenu, yn falch ei bod hi, efallai, wedi adnabod rhywbeth yn y llun.

'Pam nest ti ddim gwisgo ffrog briodas wen?'

'Dw i ddim yn meddwl 'mod i wedi priodi 'rioed,' ateba.

Rydw i'n pwyntio at y cwpl ifanc. 'Chdi a Terry ydi rhein,' dw i'n ei sicrhau. 'Ar ddiwrnod eich priodas chi.'

'Roedd o'n hogyn smart,' meddai. 'Roedd hi'n hogan lwcus, pwy bynnag ydi hi.'

'Chdi 'di hi, Mam,' meddaf, a gafael mewn llun mwy diweddar o Terry sy yn y cwpwrdd gwydr lle mae'r ychydig bethau ddaeth efo hi o'i chartref. Rwy'n pwyntio at y llun o 'nhad ac yn dweud, 'Mi oeddat ti'n briod efo fo am bron i hanner can mlynedd.'

Mae hi'n edrych ar y llun o Terry a dynnwyd ger y goeden lelog yn yr ardd y gwanwyn cyn iddo farw. 'Dw i'n cofio rŵan,' meddai. 'Dw i wedi bod yn meddwl gofyn i ti ers hydoedd . . . pwy ydi o? Pam fod 'i lun o'n fanna?'

Un diwrnod dw i'n holi rheolwr y cartref ynglŷn â'r cleisiau ar freichiau Megan. Mae'r rheolwr yn esbonio ei bod wedi syrthio yn y lle chwech a bod 'y genod' wedi gorfod ei 'manhandlio' allan o'r lle cyfyng. Dw i'n gofyn i Megan a ydi hi'n cofio syrthio yn y toilet. All hi ddim cofio. Ar ôl rhythu trwy'r ffenest am amser hir, fel pe na bawn i yno, mae'n rhwbio'r cleisiau ar ei breichiau ac yn dweud, 'Pam wyt ti'n dal i ddŵad i 'ngweld i?' Dw i'n ddiolchgar ei bod hi, o leiaf, yn ymddangos fel petai'n fy adnabod o un dydd i'r llall.

'Oherwydd ma' chdi 'di'n mam i,' meddaf. 'A dyna mae meibion yn neud . . . dod i weld eu mama.'

Mae hi'n edrych trwy'r ffenest eto ac mae ei phengliniau yn dechrau ysgwyd a'i bysedd yn cordeddu.

'Pam ti'n trio'n ffwndro fi trwy'r adeg?' ebycha. 'Dau hogyn sgen i, ac maen nhw'n 'rysgol heddiw . . . felly paid ti â dŵad yma eto a deud ma' fi 'di dy fam di . . . cer o 'ma, rŵan!'

'Oes, mae gen ti ddau hogyn, Mam. Tony a fi . . .'

'Maen nhw'n 'rysgol heddiw . . . rŵan, cer o 'ma a stopia greu helynt i mi.'

Siaradais efo'r meddyg eto ar ôl y digwyddiad yna oherwydd 'mod i angen deall. Fe esboniodd hithau ei bod yn debygol bod Megan yn treulio'i hamser mewn cyfres o ystafelloedd wedi'u cloi. Gallai ddeffro yn ei llofft yn Parkfield, y tŷ lle bu'n gweithio fel morwyn, ac fe fyddai ym 1945. Byddai popeth am yr ystafell honno, a'r tŷ lle roedd hi'n byw a'i drigolion, yn fyw iddi, ac fe fyddai, wrth gwrs, yn sengl a di-blant. Neu fe allai fod yng nghegin ei chartref priodasol newydd ym 1952 . . . neu ystafell fyw y cartref teuluol ym 1966 a dau hogyn bach o'i chwmpas . . . pethau felly oedd symptomau cyffredin ei math hi o ddementia. 'Felly os ydi hi wedi'i chaethiwo mewn lle ac amser lle wyt ti'n hogyn deuddeg oed,' medd y meddyg, 'wneith hi ddim adnabod dyn dros ei hanner cant â'i wallt yn britho fel ei mab.'

Mae Megan yn eistedd gyda bocs mawr o siocled hanner gwag ar ei glin ac olion siocled ar gorneli'i cheg. Nag oes, does ganddi hi ddim syniad pwy ddaeth â nhw. Dw i'n mynd yn ôl at y ddesg yn y dderbynfa ac yn edrych yn y llyfr i weld pwy sydd wedi mynd a dod ers i mi fod yno'r diwrnod cynt, ac rwy'n adnabod llofnod fy Yncl John. Ar ôl dychwelyd i'w hystafell dw i'n gofyn pa mor hir yr arhosodd ei brawd. Tydi hi heb weld ei brawd ers hydoedd . . . mae o'n dal i ffwrdd ar y môr. Dw i'n crafu trwy fy atgofion am unrhyw sôn o Yncl John yn y llynges.

'Wyt ti isio mi ddod â siocled i ti weithia, yn hytrach na fala neu ellyg?'

'Milk Tray,' ateba, a gwenu. 'All because the lady loves Milk Tray.'

Mae fy nghalon yn rhoi naid.

'Ti'n cofio ni'n canu efo pob hysbyseb ar y teledu?' meddaf.

Mae hi'n chwerthin.

'Bird's Eye peas, fresh as the morning, fresh as the morning when the pods went pop,' cana, a chwerthin, a chwerthin.

'Ti'n cofio'r un Toblerone?'

Dw i'n canu'r gân ac mae hi'n ymuno. Ar ôl chwerthin eto mae'n dweud, 'Ro'n i'n arfer canu'r rhain efo'r ieuengaf.'

'Efo John,' meddaf, gan gofio be ddwedodd y meddyg am beidio adnabod dyn canol oed â'i wallt yn britho fel ei mab.

'Ia, efo John,' meddai. 'Ma' gen i ddau o hogia, Tony a John. Ma'r ddau ohonyn nhw'n neud yn dda yn 'rysgol, 'sti.'

Rydw i isio iddi hi wybod mai fi ydi John, a bod Tony wedi teithio o Lerpwl i'w gweld ddim ond ychydig wythnosau'n ôl . . . ond rydym bob tro fel petaem wedi'n cloi allan o'r ystafelloedd mae hi ynddynt.

'Dada ddoth â'r siocled 'ma i mi,' meddai trwy fy meddyliau. Ac mi ydw i'n ystyried pa mor debyg yw fy Yncl John, yn ei henaint, i'w dad ei hun – fy nhaid ar ochr Mam.

'Mae Mrs Thomas wedi dod i dy weld ti,' meddaf, gan dywys y gweithiwr cymdeithasol i mewn i'w hystafell. 'Mae hi isio siarad efo chdi ynglŷn â sut maen nhw'n edrych ar dy ôl di.'

Mae'r gweithiwr cymdeithasol yn siarad yn Gymraeg ac mae Megan yn siarad yn Saesneg . . . cyfres o gwestiynau syml er mwyn penderfynu a ydi hi'n gymwys i fynychu'r Adolygiad Gofal. Yndi, mae hi'n mwynhau byw yma – mae o'n westy hyfryd, a tydi hi byth yn gorfod talu yn y bwyty – ond mae hi'n mynd â'i phwrs efo hi bob tro. Na, tydi hi ddim yn briod – 'rioed wedi bod. Plant? Oes, mae ganddi ddau – bachgen a merch; ac mae'n eu henwi heb betruso – Una a Timothy. Faint ydi ei hoed hi? Mae'n gwenu . . . llygaid yn chwilio . . . 'Hen iawn,' ateba, a chwerthin. Mae Mrs Thomas yn ysgrifennu ar y ffurflen yn ei ffeil ar ei glin: 'Nid yw Megan Jones wedi'i lleoli mewn lle nac amser, ac nid oes ganddi lawer o ymwybyddiaeth o'i hanes ei hun. Bydd yr adolygiad yn cael ei gynnal gyda'i mab, John Sam Jones.'

Yn y swyddfa, lle mae'r Adolygiad Gofal yn cael ei gynnal gyda'r rheolwr ac un o'r gofalwyr, mae'r gweithiwr cymdeithasol yn holi am y bachgen a'r ferch, Timothy ac Una.

'Nhw ydi'r ddau blentyn roedd hi'n helpu i'w magu pan aeth hi i weini gyda'r Parrys yn Parkfield yn 1944,' meddaf.

Fel arfer dw i'n cerdded i'r cartref gofal, dim ond ugain munud i ochr arall y dref . . . ond pan mae'n wlyb a gwyntog, neu ar y dyddiau pan fo cynnal lle gwely a brecwast yn ormod o waith a finnau'n brin o amser, dw i'n gyrru. Mae hi'n brynhawn cynnes yn y gwanwyn ac mi ydw i ar ei hôl hi efo popeth.

'Dw i'n barod i fynd,' meddai cyn i mi hyd yn oed eistedd i lawr. Mae hi'n siarad Cymraeg heddiw.

Edrychaf ar fy oriawr a phenderfynu bod gen i hanner awr i'w sbario.

'Welist ti fi'n parcio'r car, do? Tyd 'ta, awn ni i eistedd ym mhen draw'r prom a chael *ice cream.*'

Mae hi'n ymestyn ac yn gafael yn fy llaw. 'Yn barod i fynd . . . Ti'n gwbod?'

Â fy meddwl yn dal yn rhannol ar y rhestr o bethau sydd gen i i'w gwneud, ac yn ailystyried yr amser y bydd nôl hufen iâ yn ei gymryd, dw i'n ateb, 'Ti ddim isio mynd allan yn y car?'

'Dw i isio mynd,' meddai eto, a'r ymbil yn ei llais yn gwneud i mi roi mwy o sylw iddi hi . . . ac yna dw i'n sylweddoli ei bod hi yn y presennol . . . ein bod ni yn yr un ystafell.

'Lle ti isio mynd, Mam?'

'I'r nefoedd,' meddai.

Rwy'n teimlo fel petai rhywun wedi fy nyrnu yn fy stumog.

'Mi gei di fynd i'r nefoedd,' mentraf, ' . . . ond dim ond pan fydd Duw yn barod amdanat ti . . . ddim cyn hynny.'

'Wel, mi ydw i'n barod, 'yn Siwgwr Aur i . . . tydi hwn yn ddim math o fywyd i mi.'

Mae fy meddyliau'n gorlifo a thasgu . . . mae wedi fy nabod . . . mae hi wedi fy ngalw'n Siwgwr Aur fel yr arferai wneud . . . mae'n ymwybodol o bethau . . . mae 'nghalon yn torri . . . mae 'na bethau ar y diawl rhestr sydd angen eu gwneud heddiw.

'O, Mam.' Rwy'n brathu 'nhafod yn galed i rwystro'r dagrau.

'Tydi hwn ddim yn fywyd, John,' meddai. 'Y peth clenia 'sat ti'n gallu neud i mi fydda 'mygu fi efo'r gobennydd 'na.'

'Fedra i ddim neud hynna i chdi, Mam . . . 'Swn i'n cael 'y ngyrru i garchar.'

'Bysat . . . ' meddai, a gollwng gafael ar fy llaw a disgyn

yn ôl yn llipa i'r gadair.

Eisteddwn gyferbyn â'n gilydd, briw agored o ddiffyg dweud rhwng y ddau ohonom. Efallai y gallwn afael yn y gobennydd . . . efallai mai dyna'r peth mwyaf cariadus y gallaf ei wneud iddi hi . . .

'Well i ti fynd os fedri di ddim 'yn helpu i,' meddai.

Allan yn y car rwy'n crynu mewn gofid a dagrau . . . ac yn gobeithio y bydd hi, y tro nesaf y gwela i hi, yn ei byd bach ei hun . . . wedi'i chloi yn un o'i hystafelloedd.

Mae'r tasgau ar fy rhestr yn fy nghadw'n brysur weddill y prynhawn. Yn hwyrach, ar ôl cael sgwrs ar y ffôn efo Tony, dw i'n cysylltu efo meddyg teulu Megan ac yn disgrifio ein sgwrs, sgwrs dw i'n tybio oedd ynglŷn â gwneud amdani'i hun gyda chymorth. Mae'r meddyg yn dweud y byddai'n hapus i drafod y posibilrwydd o daith i glinig yn y Swistir . . . ac yn y cyfamser fe sgwennith bresgripsiwn am wrthiselyddion a all fod o gymorth i godi hwyliau Megan.

Rwy'n eistedd am ychydig ac yn ei gwylio'n cysgu. Sylwaf fod rhywbeth wedi'i golli ac wedi sychu ar les ei choban a bod yna flotyn piws, maint darn dwy geiniog, ym mhlyg ei phenelin . . . mae'n rhaid bod y nyrs gymunedol wedi cymryd gwaed unwaith eto. Mae'r croen ar ochr fewnol ei braich fel petai'n dryloyw, a'r gwythiennau'n amlwg ac yn las golau. Mae'n anadlu'n gyson, yn rhwydd rywsut, heb ddangos unrhyw arwydd o'r emffysema a borthwyd gan chwe degawd o fod yn gaeth i nicotin – a'r difrod anorfod i'w hysgyfaint a'i rhydwelïau. Dw i'n gwenu wrthaf fi fy hun a chofio sut, ddegawdau lawer yn ôl – pan oeddwn i'n fyfyriwr a hithau'n pryderu am ganabis, LSD a heroin – y bu i mi herio ei rhagfarnau am 'drug addicts' gan awgrymu ei bod yn edrych yn y drych y tro nesaf y byddai â sigarét yn ei cheg. Heb arfer wynebu ffeithiau felly, ei hymateb oedd fy anwybyddu am weddill y dydd. Rwy'n gwrando'n astud ar ei hanadlu, yn chwilfrydig ynglŷn â'r rhythm, sydd yn ymddangos yn rhy fas i wraig yn cysgu'n drwm . . . ac rwy'n sylwi ar symudiadau ei llygaid y tu ôl i amrannau caeedig – sydd yn ymddangos, rywsut, yn rhy fwriadol.

'Wyt ti'n effro?' gofynnaf.

Mae ei llygaid yn llonyddu, ac mae yna saib prin y gellir sylwi arno ym mhatrwm ei hanadlu.

'Sori os 'nes i dy ddeffro di,' meddaf.

'Dw i'n cysgu . . . cer o 'ma,' meddai, ei llygaid wedi cau'n dynnach rŵan, a'i bochau pantiog bron wedi'u chwythu'n grwn.

'Mae hi'n amser cinio,' meddaf. 'Ti isio mi dy helpu di wisgo ac eistedd efo chdi yn y stafell fyta?'

'Ma' hi'n ganol nos,' meddai. 'Dw i'n cysgu. Cer o 'ma.'

Am y tridiau nesaf, pan dw i'n galw i'w gweld, mae hi'n 'cysgu'.

Mae hi'n eistedd wrth ochr ei gwely yn ei choban, ei chôt wlân goch dros ei hysgwyddau, y gwely â'i fatres sy'n lliniaru pwysau heb ddillad gwely arno.

'Sut gest ti hyd i mi?' gofynna.

'Ma' dy enw di ar y drws,' meddaf, ddim yn hollol siŵr be arall i'w ddweud nes i mi gael gwell syniad o be sy'n digwydd iddi.

'Dw i ddim yn gwbod pam bo' nhw 'di 'ngadael i'n fama,' meddai. 'Dw i isio mynd yn ôl i'n nhŷ bach i.'

'Hon ydi dy stafell di.'

'Ond sbia arno fo,' meddai, gan bwyntio at y gwely. ''Di o ddim yn wely i neb . . . does 'na ddim gwely . . . dw i ond wedi cael 'y ngadal yma yn 'y nghôt . . . ydw i'n aros am rwbath?'

'Dw i'n meddwl bod rhywun ar ganol gwneud y gwely, yn lân braf i ti . . . A' i weld os fedra i gael hyd i un o'r genod.'

Yn y swyddfa, dywed y rheolwr eu bod wedi codi Megan i gael ei brecwast . . . ac yna wedi mynd â'i dillad gwely o'r ystafell i'w rhwystro rhag mynd yn ôl i'w gwely.

'Oes 'na rywun wedi taro mewn i edrych arni hi bora 'ma?' gofynnaf. 'Mae hi'n eistedd yn ei choban a'i chôt, wedi styrbio'n lân.'

'Roedd hi'n gwrthod gwisgo bora 'ma, felly mi nath un o'r genod roi ei chôt hi dros ei sgwydda hi lle bod hi'n oer.'

'Ac yn amlwg 'dach chi'n meddwl mai hyn ydi'r ffordd iawn i drin hen wraig efo dementia —'

'Dw i wedi deud 'that ti o'r blaen, John, mae dy fam yn gallu bod yn anodd iawn,' torra'r rheolwr ar fy nhraws. ''Dan ni angen iddi hi ddilyn 'yn rwtîn ni gymaint â phosib, ond pan mae hi'n cysgu trwy'r dydd, ac wedyn yn crwydro ar hyd y coridors yn y nos yn creu problemau i'r staff nos . . . mae hi'n anodd i ni. Ac os ydi hi'n 'i gwely amser pryda bwyd mae o'n fwy o waith – rhoi petha ar dre a mynd â fo i'w stafell hi.'

'Dw i'n dallt mai cartref gofal ydi hwn, nid cartref nyrsio,' meddaf ar ôl i mi gymryd anadl ddofn i reoli fy nhymer. 'Dw i'n dallt hefyd bod ganddoch chi batrwm i'ch diwrnod, a bod disgwyl i'r rhai sy'n byw yma gyd-fynd efo hynny ond mae Mam yma am fod ei dementia'n golygu na all hi edrych ar ôl ei hun . . . mae ei dementia hi'n gwneud iddi ymddwyn mewn ffyrdd sydd ddim bob tro'n ymddangos yn rhesymol . . . nac yn cyd-fynd efo'ch rwtîn chi. Mae 'na lai na mis ers i chi fod yn rhan o'r Adolygiad Gofal ar ei chyfer hi, efo'r gweithiwr cymdeithasol, ac adag honno mi oeddach chi'n rhoi'r argraff bod popeth yn fêl i gyd . . . nethoch chi ddim hyd yn oed sôn ei bod hi'n gallu bod yn ymosodol tuag at y staff . . . a rŵan 'dach chi fel 'sach chi'n deud ei bod hi'n wirioneddol drafferthus.'

Sytha'r rheolwr a gwthio'i mynwes helaeth ymlaen fel petai am ddod â'r sgwrs i ben.

'Dw i heb orffan eto,' meddaf. 'Os 'dach chi ddim yn teimlo'i fod o'n bosib i chi edrych ar ôl Mam mewn ffordd wâr, wnewch chi drefnu Adolygiad Gofal arall plis? Efallai ei bod hi'n barod i symud i gartref nyrsio. Ond rŵan mi fyswn i'n licio petai'i gwely hi'n cael ei wneud – yn syth rŵan – a dw i ddim isio i ddim byd tebyg i hyn ddigwydd eto tra'i bod hi yn fama. Mi wna i aros nes bod hynny wedi'i wneud. A chyn i mi adael 'ych swyddfa chi, mi fyswn i'n licio i chi ffonio eich rheolwr llinell ac esbonio be sydd wedi digwydd – ac yna rhoi'r ffôn i mi er mwyn i mi gael sgwrs efo hi neu fo, pa bynnag un. O, ac mi fyswn i'n licio un o'ch ffurflenni cwynion . . . ar gyfer cwyno'n swyddogol!'

'Mae dwy o fy staff dydd adra'n sâl . . .' dechreua'r rheolwr, nad yw bellach yn edrych i fy llygaid, a'i mynwes fel petai'n fflat.

'Rheoli rota staff . . . rheoli gofal addas ar gyfer y preswylwyr - mae'n siŵr bod hynny'n rhan o'ch cyfrifoldebau chi o ddydd i ddydd.'

'. . . ac mi ydan ni ar fin cael cinio, felly does 'na neb ar gael i wneud y gwely.'

'Wel, falla medrwch chi neud felly, ar ôl i chi ffonio'ch rheolwr llinell.'

Mae'r ddau ohonom yn siarad â'r rheolwr gofal rhan-barthol. Nid yw'n cydnabod unrhyw beth ar y ffôn ynglŷn ag addasrwydd y sefyllfa dw i'n ei disgrifio, ond mae'n fy ngwadd i gyflwyno cwyn ysgrifenedig. Yna mae'n gofyn am gael siarad eto efo rheolwr y cartref – ac mae hithau, ar ôl llai na munud, yn rhoi'r ffôn 'nôl ar y bachyn ac yn dweud y bydd yn mynd i wneud gwely Megan.

Yn y coridor gwelwn wraig ffwndrus mewn côt wlân goch, yn poeni . . . mewn panig bron, oherwydd nad ydi hi'n gallu cael hyd i'w hystafell.

Mae'r ffôn yn canu toc wedi wyth y bore. Rydym yn gweini brecwast i chwech o westeion sydd i gyd wedi dod i lawr grisiau 'run pryd. Mae rheolwr y cartref gofal yn dweud wrth Jupp fod Megan wedi cael ei chludo i Ysbyty Gwynedd ym Mangor. Dw i'n cymryd y ffôn ac yn gofyn be ddigwyddodd . . . pam y gwnaethon nhw alw ambiwlans.

'Roedd hi'n cael trafferth anadlu ac roedd y nyrs asiantaeth yn meddwl mai dyna oedd y peth gorau,' meddai.

'Ond mae hi wastad yn cael trafferth anadlu,' meddaf. 'Onid ydi o yn y nodiada y dylach chi 'ngalw i os ydi hi'n sâl yn y nos? Ai nid hynny gafodd ei gytuno yn yr Adolygiad Gofal diwetha?'

'Efallai, petai'r staff nos arferol yn gweithio . . . rhywun sy'n nabod Megan —'

'Faint o'r gloch aeth hi yn yr ambiwlans?'

Dw i'n teimlo fy hun yn dechrau pryderu; fe fydd fy mam ar goll yn llwyr mewn ysbyty gyffredinol fawr.

'Chydig oria 'nôl.'

'Ac aeth 'na neb efo hi a wnaeth 'na neb feddwl fy ffonio i.'

'Wel, fel ddudis i, roedd nyrs asiantaeth newydd yn gweithio neithiwr.'

Rhoddaf y ffôn i lawr cyn i mi golli fy nhymer. Yna, ar ôl cael fy nghadw'n aros am yr hyn sy'n teimlo fel oes, dw i'n siarad efo rhywun yn Ysbyty Gwynedd.

'Mae hi dal yn A&E,' medd y llais. 'Mae hi ar ocsigen, a 'dan ni'n aros i'r doctor ddod i'w gweld hi . . . wedyn fedrwn ni benderfynu os oes angen iddi ddod mewn neu os oes posib ei gyrru hi'n ôl adra.'

Rwy'n esbonio ychydig am ei sefyllfa . . . nad ydi hi mwyaf tebyg yn gwybod ei henw, na'i dyddiad geni … Rwy'n dweud y byddaf yno mor fuan ag y medra i a dw i'n gadael Jupp i newid dillad gwlâu a glanhau tair llofft. Erbyn i mi gyrraedd mae hi'n gorwedd ar droli mewn ciwbicl bychan a llenni o'i hamgylch, a dw i'n ceryddu fy hun am beidio bod ddigon o gwmpas fy mhethau cyn gadael i ddod ag ychydig o ddillad cynnes iddi.

'Pwy ydach chi?' gofynna pan dw i'n gafael yn ei llaw.

'Wyt ti'n anadlu'n well . . . efo'r ocsigen 'na?'

'Dw i wastad yn fyr 'y ngwynt,' meddai.

Mae braich yn gwahanu'r llenni a meddyg mewn côt wen yn dod at ei hochr. 'Megan Jones?' gofynna.

Dw i'n gwenu ar y meddyg, ond yn dweud dim. Rwyf am iddi weld ei hun pa mor ffwndrus ydi Megan.

'Chi ydi Megan Lloyd Jones?' gofynna'r meddyg eto.

Edrycha Megan ar y meddyg ond tydi hi ddim yn ymateb mewn unrhyw ffordd, a dw i'n meddwl efallai nad ydi wedi'i chlywed gan fod yna dipyn o sŵn yr ochr bellaf i'r llenni. Mae'r meddyg yn troi ata i: 'A chi ydi . . .?'

'John, mab Megan, er tydi hi ddim yn gwbod hynny'r rhan fwyaf o'r amser.'

'Alzheimer's?'

'Dementia fasgwlar yn gysylltiedig â smocio,' meddaf.

'Felly, mae ganddi COPD,' medd y meddyg, hanner cwestiwn, a hanner datganiad.

'Oes,' meddaf. 'Er dw i byth yn siŵr am be ma'r llythrenna'n sefyll . . . emffysema.'

'*Chronic obstructive pulmonary disease,*' medd y meddyg. 'Mae'n cynnwys llawer o wahanol gyflyrau ysgyfaint.' Mae'n ysgrifennu rhywbeth ar ddalen uchaf pentwr trwchus o waith papur. 'Felly nethoch chi alw ambiwlans oherwydd bod ei hanadlu wedi mynd llawer gwaeth?'

'Mae Megan yn byw mewn cartref gofal ac roedd yna staff yno neithiwr sydd ddim yn ei hadnabod hi, felly mae'n ymddangos eu bod nhw wedi panicio chydig.'

Mae'r meddyg yn symud yn nes at Megan.

'Dw i angen gwrando ar 'ych brest chi, Mrs Jones,' meddai. 'Gawn ni godi chi ar eich eistedd?'

Mae hi'n dyner, yn barchus, ac yn amyneddgar iawn.

'Dw i ddim yn meddwl bod 'na haint,' meddai ar ôl cornio Megan efo'r stethosgop ar ei chefn a'i blaen. '*False alarm,* dw i'n meddwl,' meddai wrtha i.

'Fedra i fynd â hi adra felly?'

'Medrwch,' meddai'r meddyg.

Rwy'n cael hyd i gadair olwyn sbâr ac yn ei phowlio i'r

ystafell de. Mae'n cael dau ddarn o dost gyda jam mafon
. . . ac yna mae yna staen arall ar les ei choban. Mae'r te
yn rhy boeth, mewn cwpan bapur sy'n gorffwys mewn
handlen blastig . . . sydd yn anodd iddi hi ei thrin gyda'i
bysedd ceimion. Rwy'n gofyn i'r dyn y tu ôl i'r cownter am
welltyn, ac ar ôl i'r te oeri mae hi fel petai'n ei fwynhau.

'Dw i angen lle chwech,' meddai, wrth i mi ei phowlio
tuag at y brif fynedfa a'r maes parcio anferth y tu hwnt
iddo. Dw i'n teimlo'n anghyfforddus . . . bydd y munudau
nesaf yn mynd â fi i dir anghyfarwydd. Wrth i mi osod
y gadair olwyn y tu allan i doiledau'r merched rwy'n
meddwl tybed a all hi lwyddo ar ei phen ei hun.

'Ydach chi angen help?' gofynna llais o rywle.

Rwy'n troi ac yn gweld nyrs, yn ei chôt a'i bag ar ei
hysgwydd, ar fin cyrraedd i ddechrau gweithio neu ar fin
gadael am adref.

'Mi fydda hynna'n grêt,' atebaf.

Mae hi eisoes yn amser cinio erbyn i ni ddychwelyd
i'r cartref gofal. Rwy'n dweud y gwna i eistedd efo hi tra'i
bod hi'n bwyta'i chinio. Mae hi isio gwisgo i ddechra . . .
y siwt *mauve* neis 'na.

Diwrnod gwlyb a diflas ac wrth i mi droi i mewn i'r maes
parcio rwy'n gweld fy Yncl John, yn dal yn smart a sionc
yn bedwar ugain, yn brysio trwy'r glaw mân tuag at ddrws
y cartref. Heb feddwl rwy'n canu'r corn a chodi llaw. Mae
o'n fy adnabod yn syth ac yn pwyntio at y drws, ac mi
ydw i'n dehongli hynny i olygu 'Wela i di yn y cyntedd'.

Mae'r ddau ohonom yn ysgwyd llaw ac yn cyfnewid
pytiau o newyddion . . . Anti Nesta wedi cael y ffliw . . .
un o'r gorwyresau wedi cael codwm ar ei beic a thorri'i

garddwn. Rwy'n ymwybodol y dylwn i fod wedi bod mewn cyswllt efo Yncl John cyn rŵan – mae o mor ffyddlon i'w chwaer, yn dod i'w gweld bob wythnos . . . ac mi ydw i isio holi am y llynges.

'Mi fedra i ddŵad yn ôl i weld Megan nes 'mlaen,' meddaf wrtho. 'Does 'na ddim pwynt i'r ddau ohonon ni eistedd efo hi. Ddowch chi i gael panad ar y ffordd adra?'

'Iawn 'ta,' meddai Yncl John. 'Dw i ddim yn arfar bod mwy na rhyw ugain munud efo dy fam . . . sut mae hi?'

'Fyny ac i lawr,' atebaf . . . ddim yn hollol siŵr be i ddweud. 'Ydi hi'n siarad Cymraeg efo chi?'

'Peth od i ti ddeud hynna. Dw i'n siarad yn Gymraeg ac mae hitha'n atab yn Saesneg.'

'Ond mae hi'n gwbod pwy ydach chi, yndi?'

'Wel, dw i ddim yn siŵr. Mae hi wedi 'ngalw i'n Dada fwy nag unwaith.'

'Wel . . . mi ydach chi'n edrych yn debyg i Taid.'

'Mi oedd ganddo fo lot mwy o wallt na fi,' medd Yncl John gan gyffwrdd ei batsyn moel a chwerthin.

'Felly . . . Wela i chi mewn – faint? Rhyw awr?'

Mae Yncl John yn nodio. 'Sgen ti beth o'r bara brith 'na?' gofynna. 'Hwnnw nest ti ddeud oedd yn rysáit Megan?'

'Oes . . . a sbynj,' meddaf, gan gofio mor hoff ydi Yncl John o gacen.

Ymhen yr awr mi ydan ni'n eistedd yn y lolfa yn Dros y Dŵr, gyda'i golygfa ar draws afon Mawddach tuag at Gader Idris, yn yfed te a bwyta cacen.

'Roedd Megan yn meddwl mai Dada oeddwn i eto heddiw,' medd Yncl John.

Rwy'n esbonio syniad y meddyg ynglŷn â chael ei chloi mewn ystafelloedd mewn gwahanol gyfnodau ac mae Yncl John fel petai'n derbyn y posibilrwydd.

'Oedd hi wedi gwisgo?'

'Oedd, mi oedd hi'n edrych reit daclus. Isio gwbod os o'n i wedi bod yn Parkfield i weld Mr Parry.'

'Cyn un naw chwe dim felly.'

'Cymaint â hynny ers i Mr Parry farw, yndi?' medd Yncl John ac ysgwyd ei ben.

'A sut oedd hi heddiw?' gofynnaf.

'Mi oedd ganddi hi ddigon i ddeud . . . mi oedd hi wedi bod yng Nghaer am y diwrnod efo Mrs Parry . . . siopa.'

'Mae hi i weld ddigon bodlon pan mae hi yn y gorff-ennol. Ond weithia mae hi'n gwbod lle mae hi . . .' meddaf. Rwy'n ystyried a ddylwn i ddwaud wrtho amdani'n ymbil i gael ei mygu efo'r gobennydd.

'O . . . mae'r dementia 'ma'n greulon . . . mae hi'n anodd iawn i ti, John bach.'

'Anodd i ni i gyd, Yncl John.'

Mae pethau'n chwithig rhwng y ddau ohonon ni am chydig . . . yna mae o'n edrych ar y plât cacennau ac yn dweud bod y bara brith yn dda iawn.

'Oeddach chi ar y môr 'rioed?' gofynnaf gan estyn y plât.

'Nag o'n,' medd Yncl John, a golwg ddryslyd arno, gan gymryd darn arall o gacen. 'Wnes i ond dal diwadd National Service . . . felly es i at y Forestry Commission. Fucs i erioed yn y lluoedd arfog.'

''Mond rwbath ddudodd Mam. Mi oeddach chi wedi bod yna ryw ddiwrnod – efo siocled iddi . . . 'Nes i ofyn ai chi oedd wedi dŵad â nhw ond mi ddudodd mai Dada oedd wedi . . . a bod ei brawd hi ffwrdd ar y môr.'

'Cymysgu rhwng fi a Teddy,' medd Yncl John.

'Pwy ydi Teddy?'

'O . . . 'di heb sôn wrtha chdi am Edward?'

Rwy'n codi fy ysgwyddau.

'Fydd o'n chydig o sypréis felly. Mae Teddy . . . roedd Teddy . . . yn hanner brawd i ni.'

'Wyddwn i ddim fod Nain wedi bod yn briod cynt.'

'Wel na . . . doedd hi ddim yn briod. Mi gafodd hi blentyn pan oedd hi'n gweini yn Aberystwyth – mistar y tŷ mwya tebyg, meddwl fod o'n talu am hynny hefyd . . . ond pwy a ŵyr? Chwarae teg iddi hi, mi gadwodd hi'r babi . . . mi ddoth adra ac edrych ar ei ôl o.'

'Felly pam 'dach chi'n meddwl nath Megan 'rioed ddeud wrthan ni?'

'Aeth petha'n flêr braidd, John bach. Pan nath Mama gyfarfod Dada, doedd o ond yn fodlon ei phriodi hi ar yr amod ei bod hi'n cael gwared o'r hogyn. Meddylia am y peth, un naw dau rwbath, mam sengl, mae hi'n cyfarfod dyn sy'n fodlon ei phriodi hi "a'i gwneud hi'n ddynas barchus" – ond mae'n rhaid iddi gael gwared o Edward.'

'Fedra i ddim coelio bod neb wedi deud hyn wrthan ni.'

'Wel, tydi o ddim yn rhoi rhyw olwg dda ar dy nain na dy daid,' mentrodd Yncl John. 'Mi gymrodd modryb i Mama, hen ferch, Edward ati hi ac yn y diwedd fe wnaeth Dada gyd-weld 'sa fo'n cael dod i weld ei fam, ond dim ond pan doedd Dada ddim adra . . . ac mi oedd Teddy'n dŵad draw, bron bob diwrnod ar ôl ysgol . . . felly gathon ni'n magu efo fo – ond plant oeddan ni a doeddan ni ddim yn holi am y trefniant.'

'Fedran ni ddim beirniadu pobl heddiw am bender-fyniada caled roedd rhaid iddyn nhw neud bedwar ugain mlynedd yn ôl,' meddaf.

'Ti'n iawn, wrth gwrs, ond pan nath dy fam a fi, a'n chwiorydd ni, dyfu fyny a dechra teuluoedd ein hunain mi nethon ni benderfynu peidio deud wrth y plant am Ted. Roedd o wedi diflannu, rhywsut, ar ôl y rhyfel ... doedd neb yn gwbod lle oedd o, felly mi oeddan ni'n teimlo ei bod hi'n well deud dim byd. 'Nes i ond deud wrth 'y mhlant i pan oeddan nhw wedi tyfu fyny.'

'Be 'dach chi'n feddwl, nath o ddiflannu?'

''Mond yn y blynyddoedd diwetha dw i wedi darganfod be ddigwyddodd iddo fo,' medd Yncl John. 'Yn syth ar ôl y rhyfel mi wnaeth o gyfarfod a syrthio mewn cariad efo hogan o – wel, teulu "posh"; dw i'n meddwl bod ei thad hi'n dwrna . . . neu'n filfeddyg. Mi oedd Ted yn poeni petai Elizabeth, a'i theulu, yn dod i ddallt mai plentyn siawns oedd o na fysan nhw ddim yn meddwl ei fod o'n addas. Yn ystod y rhyfel roedd llawer o bobl yn colli popeth, felly mi wnaeth Teddy ail-greu ei hun fel rhywun oedd â'i dŷ a'i deulu wedi'u dinistrio yn y bomio . . . ac unwaith roedd o wedi deud y stori yna doedd dim mynd yn ôl.'

'Mae o fatha rwbath o nofel,' meddaf.

'Mi gafodd Teddy ac Elizabeth dri o blant . . . ac mae 'na wyrion a gorwyrion.'

'Felly sut wnaethoch chi ddarganfod hyn?'

'Un o'i feibion . . . 'mond awydd gwbod am wn i . . . hel achau – ac fe gafodd gopi o dystysgrif geni Ted. Wel, doedd Blodwen George ddim yn enw cyffredin iawn ac wedyn mi gafodd o hyd i'w thystysgrif briodas i Dada a'n tystysgrifau geni ni – dy fam, fi, a'n chwiorydd ni … doedd hi ddim mor anodd â hynny iddo gael hyd i ni wedyn.'

'Ydach chi mewn cysylltiad efo nhw?'

'Mae Teddy ac Elizabeth wedi marw bellach, ond 'dan ni'n cael cerdyn Dolig gan un o'r hogia, lawr yn ne Lloegr yn rhwla, Exeter, dw i'n meddwl.'

Ar ôl i Yncl John fynd mi oeddwn i'n meddwl unwaith eto am gyfrinachau teuluol, a sut y gall yr hyn nad yw'n cael ei ddweud yn stori'r teulu weithiau fod yr hyn a allai fod wedi gwneud cymaint o wahaniaeth.

'Dw i'n falch dy fod ti wedi dŵad,' meddai, yn sefyll wrth ffenest ei hystafell yn edrych yn bryderus. 'Fedra i ddim mynd i Parkfield heddiw am fod y ddau hogyn 'ma efo'r frech goch. Ei di i wneud siŵr fod Mr Parry yn cael ei ginio?'

'Sgen i'm llawer o amser,' meddaf.

'Dw i wedi gwneud caserol biff iddyn nhw ddoe. Cwbl sydd isio chdi neud ydi gwneud siŵr bod o wedi'i gynhesu erbyn ddoith o mewn o'r efail.'

'Dyma dy gylchgrona di,' meddaf, yn trio troi'r stori. 'Edrycha, mae 'na ddarn ychwanegol . . . *Ten Summer Romances*.'

'O, neis,' meddai, 'ond sgen i ddim amser i'w darllen nhw heddiw . . . O . . . ' Mae'n edrych o amgylch yr ystafell ac ar ôl munud mae'n dweud, 'Ddim heddiw, dw i rhy brysur; dw i angen llnau'r *hall* a'r grisia a'r ben grisia yn Parkfield ac mae isio rhoi polish ar y teils . . . a wedyn dw i'n mynd efo Jean, 'nôl i Birmingham ar y trên.'

'O'n i'n meddwl bo' chdi methu mynd i Parkfield heddiw . . . nest ti ddim deud bod yr hogia efo'r frech goch?'

'Pa hogia?'

'Fi nath gam-ddallt,' meddaf, yn ymdrechu i beidio'i ffwndro hi. 'Felly ti'n mynd i Birmingham efo Jean?'

'Dw i'n byw yn Birmingham rŵan, efo Jean – yn nhŷ ei modryb hi.'

'Wyddwn i ddim dy fod ti wedi byw yn Birmingham,' meddaf.

'Merched . . . pan maen nhw mewn helynt . . . maen nhw'n cael eu gyrru i ffwrdd,' sibryda.

'Felly, mae Jean yn cael babi?' holaf – dw i awydd gwybod mwy . . . ond dw i'n cofio'r lluniau wedi melynu o briodas grand Jean ac Alan â'r briodferch mewn gwyn, a'r llun o briodas fechan 'teulu'n unig' fy rhieni â Megan mewn costiwm dywyll ffurfiol. Tybed ai Megan oedd yr un oedd yn disgwyl: cyfrinach deuluol arall?

Mae hi'n brynhawn bendigedig o braf ac mi ydw i wedi'i pherswadio i fynd am dro bach yn y car. Unwaith mae hi'n eistedd yn gyfforddus yn y sêt flaen dw i'n gofyn a fyddai hi'n mwynhau mynd i weld ei brawd, John.

'Dw i heb roi blodau ar fedd Terry ers hir,' meddai. Mae hi'n siarad Cymraeg efo fi heddiw.

'Mi oedd 'na rosod neis yn y Co-op bora 'ma,' meddaf. 'Mi fedran ni alw ar y ffordd.'

'Ti ddim yn meddwl y dylan ni roi bloda plastig? Dw i ddim yn mynd mor aml rŵan ac mi fysa'r rheini'n para.'

'Dw i ddim yn gwbod lle gawn ni floda plastig,' meddaf.

'Y lle rhad 'na.'

'Y Siop Bunt yn yr hen gapal Wesla . . . fanno ti'n feddwl?'

'Ia. Dyna lle gest ti a dy frawd eich bedyddio.'

Rwy'n troi i mewn i'r stryd fawr, wedi fy nhowlu braidd ei bod hi gymaint o gwmpas ei phethau, ac yn parcio'r car ychydig gannoedd o lathenni o'r hen gapel.

'Fedri di ddim mynd yn nes? Mi fyswn i'n licio mynd mewn.'

Rwy'n rhegi dan fy ngwynt . . . fe fydd ei chael allan o'r car, i fyny'r grisiau ac i mewn i'r capel . . . ac yna i lawr y grisiau ac yn ôl i mewn i'r car yn cymryd oes. 'Dw i ddim yn meddwl bod yna le,' meddaf . . . ac yna teimlo 'mod i'n bod yn annheg. Gyrraf yn fy mlaen yn araf a chael hyd i fwlch yn y rhes o geir fymryn i'r dde o ddrws y capel.

'O'n i'n dŵad yma bob nos Sul, 'sti,' meddai wrth i mi ei chynorthwyo i ddringo'r grisiau. 'Doeddwn i ddim yn gallu mynd yn y bora, roedd rhaid i mi gael cinio dydd Sul yn barod erbyn hanner awr wedi hanner. Roedd yna griw ohonan ni, merched oedd yn gweini, yn eistedd efo'n gilydd.'

'A hwn ydi'r capal lle nest ti a Dada briodi?'

'Ia,' ateba. 'Neith y rhei melyn 'na'r tro,' a phwyntia at flodau ffarwel haf plastig mewn potyn wrth ddrws y capel. 'Mi fydd rheina'n *lovely*.'

Mae yna hanner can llath dda o faes parcio'r fynwent hyd at fedd Terry.

'Ti'n gwbod bod 'na le i mi yn fanna,' meddai wrth i ni nesáu.

'O'n i'n meddwl bo' chdi isio cael dy gremêtio,' meddaf.

'Yndw. A wedyn gei di roi'r llwch yn fama.'

Wrth iddi fy helpu i osod y blodau plastig mae'n dweud, 'Gobeithio fydd o ddim yn hir . . . Dw i wedi cael digon, 'sti.'

'Dw i'n gwbod, Mam,' meddaf.

'Dw i'n gweddïo bob dydd, 'sti . . . i Dduw 'nghymryd i. 'Swn i'n neud o'n hun taswn i'n gallu,' meddai, a'i llais yn distewi.

'Mi fysan ni'n gallu mynd i un o'r clinics 'na yng Ngenefa . . . os wyt ti wir yn teimlo dy fod ti'n barod.'

'Genefa,' meddai. "Nes i a Nancy fynd yno unwaith. Mae 'na ffownten. A'r gwynt yn chwythu'r dŵr, fel glaw.' Mae hi'n chwerthin. 'Nethon ni wlychu a gorfod eistedd ar y bws mewn dillad tamp.'

'Mi fedra i ffindio allan . . . '

'Dw i rhy hen i fynd i'r Swistir,' meddai. 'Mae o rhy bell i fynd ar y bws a 'nes i 'rioed licio hedfan.'

Mae'n symud un neu ddau o'r blodau. 'Fydd dim rhaid dŵad fyny fama eto . . . neith rhein rŵan . . . a falla tro nesa doi di yma mi fyddi di'n rhoi'n llwch i mewn twll.'

Mae'r ddau ohonom yn cerdded, fraich ym mraich, yn ôl i'r car. Rwy'n ystyried a ddylwn i barhau â'r sgwrs am ladd trugarog . . . Rwy'n ystyried a fyddai ei chynorthwyo'n weithred garedig – ynteu'n weithred hunanol. Wrth risiau'r fynwent mae'n torri ar draws fy synfyfyrio . . . 'Where are we? What are we doing here?' Mae hi'n siarad Saesneg unwaith eto.

Wrth i ni droi i fynd trwy'r giât rwy'n pwyntio yn ôl tuag at y blodau melyn llachar. 'Roeddat ti isio rhoi bloda ar fedd Dad.'

'Who's grave?' gofynna, gyda phwyslais ar yr 'who'

sy'n fy ngadael i'n ceisio dyfalu pa ystafell roedd hi wedi camu iddi wrth i ni gerdded ar hyd llwybr y fynwent.

Bu fy mam farw ychydig wythnosau cyn ei phen-blwydd yn bedwar ugain a thair ym mis Chwefror 2013. Rhoddodd Jupp, Tony a'i wraig newydd, Georgina, a finnau y potyn bychan o lwch o'r amlosgfa mewn twll yn y bedd lle roedd llwch Terry'n gorwedd gyda'i fam, ei dad a'i nain ar ochr ei fam . . . ac fe wnaeth y pedwar ohonom gydadrodd Gweddi'r Arglwydd. Roedd y blodau plastig melyn yn edrych yn dreuliedig. Roedd marwolaeth Megan yn fendith, yn fwy o ryddhad nag achos galar i Tony a minnau – onid oeddan ni wedi colli'n mam flynyddoedd ynghynt? Wnaethon ni byth ddarganfod a fu plentyn a gafodd ei roi i'w fabwysiadu yn Birmingham; doedd y posibilrwydd ddim bellach yn gyfrinach yn y teulu ond weithiau rhaid gofyn a oes rhaid gwybod. Dirgelwch i genhedlaeth arall ei ddatrys, efallai?

3
Tyfu'n ddyn

Mae caeau yn amgylchynu *Heimat* Jupp – Effeld. Fis Ebrill, pan wnaethon ni gyrraedd, roedd y cnwd o rêp yn rhy fclyn i edrych arno yn haul y prynhawn; doeddwn i heb sylwi erioed mor debyg yw ei aroglau i lelog, ond wrth gerdded ar hyd y lôn drol rhwng dau gae hir o'r blodau, roedd yn feddwol, a suo'r gwenyn yn uwch na sŵn y nant sy'n dynodi ffin y wlad. Mae yna ddegau o gilomedrau o asbaragws, a'r rhesi wedi'u priddo i rwystro'r coesynnau rhag ffotosyntheseiddio – rhai gyda gorchuddion plastig du, fel cotiau glaw wedi'u gadael, i sicrhau nad oes ond angen eu cynaeafu unwaith y dydd. Asbaragws yw 'aur gwyn' yr ardal ac mae'n cael ei werthu ar stondinau marchnad ledled y wlad am bris da. Mae wyth wythnos y tymor, o ddiwedd Ebrill i ddiwedd Mehefin, yn denu pobl i'r pedwar bwyty lleol ac mae'n angenrheidiol cadw bwrdd. Mae yna blanhigion ffa hefyd, a fydd yn cael eu haredig yn ôl i'r tir i gyfoethogi'r pridd tywodlyd . . . a chaeau grawn – a'r cnydau, ŷd, rhyg a cheirch, eisoes yn cyrraedd hyd at fy nghanol . . . a phorfeydd lle mae gwartheg â'u cynffonnau fel metronomau yn cael gwared â'r pryfaid. Ac oes, mae yna lawer o bryfaid. Rydym yn byw ar y Mückenstraße . . . mosgitos yw *Mücken*.

Nid yw Jupp wedi byw yn Effeld ers iddo gael ei anfon yn naw oed i ysgol breswyl Catholig Rufeinig . . . oherwydd mae'r meibion cyntaf-anedig yn mynd yn offeiriaid. Yn fachgen bach naw oed, Juppi roedd pawb yn ei alw . . . a rŵan, hanner can mlynedd yn ddiweddarach, maent yn dal i'w alw'n Juppi. Dw i ddim yn hoffi pan mae oedolion yn dal i gael eu galw gerfydd llysenwau eu plentyndod, yn yr un modd dw i ddim yn hoff o oedolion yn parhau i alw'u rhieni yn Mami a Dadi; i mi mae'n dynodi nad ydi aeddfedrwydd yr unigolyn, nac aeddfedrwydd y berthynas rhwng y rhieni a'r plant sydd bellach yn oedolion, yn cael ei gydnabod. Mae Jutta, mam Jupp, yn ei alw'n Juppi – ond, wedi'r cyfan, wnaeth hi erioed ddod i'w adnabod yn iawn fel oedolyn. Weithiau . . . yn aml, mae'n ei drin fel y bachgen naw mlwydd oed hwnnw – ac weithiau mae yntau'n llithro i fod y bachgen naw mlwydd oed a fu gynt.

Pan o'n i a Tony yn blant, un o'n hoff raglenni teledu oedd *Ryan a Ronnie* – a'r rhaglen bob tro'n gorffen gyda phennod o'r ffug opera sebon *Tŷ Ni*. Ryan oedd y fam oedd yn rheoli pawb a Ronnie y llipryn o dad. Ac roedd ganddynt ddau blentyn (yn cael eu hactio gan oedolion): mab, Nigel Wyn – wedi'i ddifetha'n llwyr gan ei fam, a merch, Phyllis Doris – un y cyfeiriai ei mam ati bob tro fel *brazen hussy*. A rywbryd ym mhob pennod fe fyddai Nigel Wyn yn galw'i dad yn Wil, a Ryan y fam yn ei geryddu bob tro gyda'r llinell gyfarwydd 'Paid â galw Wil ar dy dad, Nigel Wyn'. Yn ysbryd y rhaglen dechreuodd Tony alw'n tad yn Terry – a'n mam ac yntau'n ateb gan chwerthin, 'Paid â galw Terry ar dy dad!' Datblygodd yn jôc deuluol . . . ac yn fuan iawn Megan a Terry oeddan nhw i ni yn amlach na pheidio.

Weithiau dw i'n meddwl tybed oedd fy rhieni yn

meddwl eu bod yn flaengar yn caniatáu'r ffasiwn anffurf-
ioldeb, ond y gwirionedd oedd mai ychydig o gyfathrebu
agored oedd rhyngom. Nid oes gen i gof o sgwrsio am
lawer o ddim o bwys; bu hyd gwallt Tony yn destun
sgwrs parhaus am ryw dair blynedd, ac felly hefyd bris
menyn, cig moch a selsig cartref y cigydd – a 'newyddion'
am bobl yn y dref . . . ond byth hel clecs!

Gan gredu ei fod yn gwneud yr hyn oedd orau i ni,
ac yn amlwg yn teimlo gormod o embaras i sgwrsio'n
agored am ryw efo 'run o'r ddau ohonom, prynodd Terry
lyfr o'r enw *Approaching Manhood – Healthy Sex for
Boys*. Gan mai Tony oedd yr hynaf fo wnaeth ei ddarllen
gyntaf, ond ddywedodd o ddim byd wrtha i . . . ddim hyd
yn oed pan wnes i ofyn iddo. Yr hyn wnes i ei ddarganfod
o ddarllen y llyfr tenau hwn yn fanwl oedd fod rhywbeth
yr oeddwn i eisoes yn gwybod ei fod yn bleserus yn cael
ei alw'n 'self-abuse'. Es i'r geiriadur i edrych am y gair
abuse a chael fy hun mewn penbleth.

Roedd y bennod am 'self-abuse' yn dweud bod y fath
ymddygiad yn gywilyddus ac yn niweidiol, gan achosi
amrywiaeth o ofidiau: dallineb, cledrau blewog, pidlen
fechan gam, croen drwg, cyfrif had isel oherwydd y
gwastraff, gwendid corfforol ac yn y diwedd salwch
meddyliol – ac os nad oedd hynna'n ddigon byddai'r
bachgen fyddai'n ymddwyn felly yn teimlo euogrwydd
dirdynnol ar ôl y weithred. Wnaeth Terry ddim fy
ngwadd i siarad am gynnwys y llyfr wrth ei drosglwyddo
i mi . . . a beth bynnag, efallai mai fi oedd yr unig hogyn
yn Bermo oedd yn mwynhau 'self-abuse', felly doeddwn i
ddim yn teimlo'n gyfforddus yn siarad efo Tony chwaith,
ac onid oedd o eisoes wedi anwybyddu fy nghwestiynau

am y llyfr? Roedd rhaid i'r pleser roeddwn yn ei gael aros yn gyfrinach.

Unwaith yr wythnos byddai cylchgrawn fy mam yn dod trwy'r drws; bu'n tanysgrifio i *Woman* am dros ugain mlynedd. Roedd ei ffrind, Jane, yn cael tri chylchgrawn yr wythnos ac roedd y ddwy'n ffeirio bob tro. Roeddwn i'n mwynhau'r horosgopau a'r patrymau gweu – ac mi oeddwn i'n arbennig o hoff o'r dudalen broblemau . . . ac yn un o'r rheini y gwnes i ddarllen am ffantasïau glaslanc pan oedd o'n 'abiwsio' ei hun: roedd o'n meddwl am fechgyn eraill. Hwn oedd y tro cyntaf i mi ddod ar draws y term 'homosexual'. Y cyngor yn y cylchgrawn oedd y dylai geisio cymorth meddygol ac y dylai gael ei gyfeirio at seiciatrydd a allai fod o gymorth i wella'r cyflwr.

Trwy fy nghyfnod yn yr ysgol gynradd doeddwn i ddim yn teimlo allan ohoni. Roeddwn i'n chwarae efo'r merched, yn enwedig Nerys a Carys; roedd Nerys yn byw rhyw ddau neu dri drws oddi wrtha i ac roedd ganddi focs mawr o hen ddillad yn y cwpwrdd dan grisiau – ar gyfer gwisgo i fyny. Roeddem yn creu cymeriadau ac yn actio bywydau gwahanol mewn hen siwmperi, sgertiau a hetiau. Roeddwn i'n chwarae efo'r bechgyn hefyd. Stephen Jones oedd fy ffrind gorau nes iddo adael i fynd i ysgol breswyl; pan ddychwelodd yn y gwyliau nid oedd pethau'n union yr un peth gan fy mod i â chriwiau gwahanol o ffrindiau. Er nad oedd gen i lawer o fyd efo pêl-droed, sef yr hyn yr oedd y rhan fwyaf o'r bechgyn yn hoffi ei wneud, roedd criw ohonom yn chwarae gemau rhyfel – cowbois ac Indians ym murddun y ffarm ar y bryn uwchben y dref, 'British' a 'Germans' yn y twyni tywod tu ôl i'r cei a Robin Hood yn y coed – ond daeth hyn i gyd i ben pan saethwyd un o'r bechgyn yn ei lygad efo saeth frwyn wedi'i thanio o fwa cartref. Fe gollodd ei lygad wrth gwrs, ond roedd yn cael pleser erchyll o dynnu'r belen dsieni allan i rythu o amgylch y dosbarth – yn enwedig os oedd myfyriwr newydd yn ein dysgu.

Roeddwn i'n mynd i fod â hiraeth am Mr Roberts, un o fy athrawon yn yr ysgol gynradd. Weithiau, pan fyddai'n plygu drosodd i edrych ar fy ngwaith neu i helpu gyda rhyw broblem benodol, byddai fy meddwl yn crwydro – at ei oglau, a oedd yn sbeislyd braf, ac at y blew ar ei freichiau. Roeddwn yn gwneud ymdrech galed i beidio meddwl amdano wrth bleseru fy hun. Ond yna dechreuais yn yr ysgol uwchradd, Ysgol Ardudwy yn Harlech, ac roedd yno brofiadau newydd. Roedd rhaid i ni newid o'n dillad ysgol ar gyfer rygbi a gymnasteg – ac roedd yn rhaid cael cawod ar ddiwedd y gwersi ymarfer corff . . . ac roedd y rhan fwyaf o'r bechgyn yn y gawod efo fi'n dechrau aeddfedu – ac weithiau byddai bechgyn hŷn yn cael cawod yr un adeg . . . a gwthiwyd Mr Roberts allan o fy ffantasïau.

Ar y bore cyntaf yn Ysgol Ardudwy cawsom ein rhoi mewn ffrydiau; ysgol gyfun mewn enw'n unig oedd yr ysgol newydd – ysgol ramadeg ac ysgol uwchradd fodern wedi'u cyfuno o dan yr unto ers ychydig flynyddoedd oedd hi mewn gwirionedd. Roeddwn i gyda'r plant a anfonwyd i'r ddwy ffrwd ramadeg ond anfonwyd llawer o'm ffrindiau i'r ffrydiau gallu is, a heb gyfeillgarwch fy ffrindiau o'r ysgol gynradd rwy'n cofio teimlo ychydig bach ar goll, ac ychydig bach yn unig. Gwnaed ffrindiau newydd wrth gwrs, ond cyn hanner tymor hyd yn oed roedd y bwlio wedi dechrau. Sisi oedd hi i ddechrau, a cadi-ffan a pansan . . . ond yna, wrth i'r misoedd fynd heibio, aeth y plagio yn fwy brwnt. Dechreuais deimlo, am y tro cyntaf yn fy mywyd, ddymuniad pobl eraill i fy nghau allan. Allwn i ddim ei roi mewn geiriau yn y dechrau . . . ond rwy'n cofio ei fod yn codi cywilydd arnaf. Ac felly y dechreuodd bywyd ar yr ymylon.

Roedd fy athrawes Saesneg newydd – Roberts arall – yn pryderu 'mod i'n darllen yn araf a phetrusgar. Hi hefyd oedd llyfrgellydd yr ysgol ac yn aml byddai'n treulio'i hawr ginio yn y llyfrgell, felly fe wnaeth fy annog i ymuno â hi am ugain munud, ddwywaith neu dair yr wythnos, i ddarllen rhywbeth – unrhyw beth – o'r silffoedd. Dw i ddim yn credu 'mod i'n blentyn dwys iawn, ond darganfûm *The Guardian*; roedd yr ysgol yn rhoi copi yn ystafell yr athrawon bob dydd ac roedd yr hen gopïau yn mynd i'r llyfrgell am bythefnos. Ar ôl ychydig, am wn i wrth i ni ddod i ymddiried yn y naill a'r llall, byddai Miss Roberts yn pwyntio at erthygl fer ac yn gofyn i mi ei darllen yn uchel.

'Wyt ti wastad wedi cymysgu dy lythrennau? Ti'n cael trafferth go iawn efo B a D,' meddai, heb unrhyw awgrym o watwar. Rhaid 'mod i wedi gwingo mewn embaras, ond roeddwn i'n ddiolchgar nad oedd hi wedi dweud hyn o flaen y dosbarth. 'Mwya'n byd wnei di ddarllen, mwya'n byd wnei di adnabod y geiriau ac wedyn fydd B a D ddim cymaint o broblem.'

Felly bob dydd Iau ac fel arfer ar ddydd Mawrth byddwn yn darllen *The Guardian* i Miss Roberts yn ystod yr awr ginio. Roeddwn yn hapus i aberthu'r amser chwarae, oherwydd ei fod yn rhoi saib i mi o'r bwlio ar yr iard . . . ac oherwydd bod yna erthyglau am ddynion hoyw – ynglŷn â sut y gallai eu bywydau newid ar ôl i gyfunrhywiaeth gael ei ddad-droseddoli yn gynharach yn y flwyddyn. Dysgais lawer o eiriau newydd, a'u nodi'n ddeddfol yn fy llyfr geirfa glas; dysgais hefyd fod bod yn gyfunrhywiol yn mynd i fy ngwneud yn agored i flacmel, efallai fy arwain at alcoholiaeth, y byddwn bron yn ddiffael yn cael fy ngwatwar a'm hesgymuno gan gymdeithas ac y byddwn yn cael fy ngweld o hyd fel bygythiad i fechgyn ifanc; bywyd ar yr ymylon.

'Mae dy ddarllen di wedi datblygu'n arw,' dywedodd Miss Roberts ar ddiwedd y flwyddyn gyntaf honno yn yr ysgol uwchradd.

Roedd fy nealltwriaeth ohona i fy hun wedi 'datblygu'n arw' hefyd: roedd bod yn gyfunrhywiol yn golygu fy mod yn rhywun na allai ond dwyn cywilydd ar ei deulu a gwarth arnaf fi fy hun. Ac felly y dysgais gau drysau yn fy mhen – neu lle bynnag roedd yr ymdeimlad dychrynllyd, afiach oedd gen i ohona i fy hun yn llechu.

Gweithiais yn galed i fod yn ddisgybl da; efallai y byddai'r ganmoliaeth gan fy athrawon – a gan Terry a Megan – yn gallu lleddfu'r ymdeimlad truenus y gwyddwn ei fod yno, yn rhywle. Ond sylweddolais yn fuan nad oeddwn yn ysgolhaig ym mhob pwnc. Nid oedd Ffrangeg yn gwneud unrhyw synnwyr; wedi'r cyfan, nid oedd yr ychydig ramadeg y gwnaethom ci ddysgu yn yr ysgol gynradd yn ymddangos yn ddigon ar gyfer yr holl reolau iaith yr oedd Mr Green am i ni eu dysgu ar ein cof. Ar ôl cael dim ond 18% yn yr arholiadau ddiwedd blwyddyn, *au revoir,*

Monsieur Vert oedd hi. Roedd ffiseg yn fy swyno, ond nid oeddwn i'n hoff o Mr Cartwright – roedd ei dymer ddrwg yn fy nychryn, ac nid oedd ofn yn fy ysbrydoli i ddysgu. A mathemateg? Wel, fe allwn fod wedi gwneud yn well, ond roedd yr athro mathemateg newydd, Mr Newing, yn dwyn fy sylw oddi wrth y gwaith. Am wn i mai fo oedd fy 'crush' mawr cyntaf; methais fy arholiad lefel A mewn mathemateg – fy ngwers gyntaf mai ffôl yw cymysgu gwaith a phleser. I Mrs Edwards, ein hathrawes fywydeg, byddwn yn astudio'n hwyr i'r nos; pan oedd eraill yn fy nosbarth yn gwrando ar Radio Luxembourg yn y gwely roeddwn i'n darllen *Plant and Animal Biology* gan Vines and Rees. Roeddwn am wneud yn dda, er ei mwyn hi yn llawn cymaint ag er fy mwyn fy hunan. Cefais A mewn bywydeg lefel A, a rhagoriaeth mewn papur ysgoloriaeth ychwanegol oedd yn golygu ennill gwerth £50 o lyfrau coleg.

Erbyn y drydedd flwyddyn yn yr ysgol uwchradd roedd Miss Enid Jones yn dysgu Saesneg i ni. Roedd hi'n mynnu derbyn traethawd bob wythnos a darganfûm ysgrifennu creadigol, dawn y gwnaeth hi ei hannog a'i meithrin, ond roedd fy sillafu yn wael a doeddwn i ddim yn darllen 'llenyddiaeth', felly mi oeddwn i'n mwynhau ei chanmoliaeth . . . ac eto'n ddi-hid o'i chanmoliaeth. Mr Brooks ddysgodd hanes i ni hyd at ddiwedd y drydedd flwyddyn; roedd o'n dod â hanes yn fyw ac yn gwneud iddo ymddangos yn berthnasol i'r bywydau yr oedden ni'n eu byw a'r mil naw saith degau ar gychwyn . . . ond gadawodd, a Mr Jones aeth â ni yn ein blaenau at yr arholiadau lefel O. Roedd Walter Jones yn lladd hanes i mi gyda'i bentyrrau o nodiadau, y teip wedi'i wasgu'n agos a'i argraffu'n aneglur ar y peiriant Banda oedd yn cael ei orddefnyddio yn swyddfa'r ysgol. Roedd Mr Brooks wedi dysgu Tony hyd at lefel O, a disodlwyd papurau blotiog Mr Jones gan lyfrau nodiadau Tony. Doedd neb wedi synnu fwy na fi pan gefais y radd uchaf mewn lefel O hanes yn Ysgol Ardudwy yn haf 1972. Ond lefel A hanes efo Walter Jones? Ddim diolch.

Waeth pa mor galed roeddwn i'n gweithio byddai'r cloeon ar y drysau caeedig yn fy meddwl yn agor weithiau. Daeth un o'r bechgyn hŷn, a oedd ar adegau yn defnyddio'r cawodydd yr un adeg â fy nosbarth i, i eistedd wrth fy ochr yn y lfreutur. Roeddwn yn cofio bod y ddau ohonom wedi dal llygad y naill a'r llall yn y cawodydd ac yna wedi edrych i ffwrdd yn syth. Does gen i ddim cof o sut y digwyddodd y fflyrtio . . . dim ond bod y ddau ohonom yn gwybod! Fe wnaethon ni gyfarfod yn yr hen ysgubor tu cefn i'r cae pêl-droed; fy mhrofiad hoyw cyntaf gyda bachgen arall. Roeddwn yn dair ar ddeg. Roedd yn gynnwrf ac yn llawer mwy o bleser na'r 'self-abuse'. Gafaelodd y ddau ohonom yn ein gilydd am amser hir ac, er bod rhan ohonof yn wir ofnus y byddem yn cael ein darganfod, roeddwn yn teimlo'n od o ddiogel a chyfforddus efo fo.

Am ddyddiau roeddwn i'n teimlo'n euog – yn union fel y proffwydodd Mr A G Elliot, y gŵr a ysgrifennodd *Approaching Manhood* . . . ond roeddwn hefyd yn dal yn dynn yn addfwynder a phleser y munudau hynny yn yr ysgubor. Dim ond unwaith wedyn wnaeth y ddau ohonom gyfarfod yno . . . ac yna mi welais i o'n caru efo merch yn yr arhosfan bws ger y sinema a doeddwn i ddim fel petawn i'n bodoli yn ei olwg ar ôl hynny. Byddai'n rhaid i mi ganfod addfwynder a phleser yn rhywle arall.

Ac fe wnes i ei ganfod . . . yn arbennig yn ystod misoedd yr haf pan oedd ymwelwyr yn heidio i Bermo ar eu gwyliau. Yn aml mewn pabell neu garafán, yn achlysurol mewn ciwbicl yn y toiledau cyhoeddus ar ben draw'r prom. Ac roedd Mr Elliot yn iawn bob tro; roedd yr euogrwydd yn fy llethu.

Ac yna fe wnaeth bachgen llawer hŷn – dyn ddweud gwir – fy mrifo a daeth plentyndod i ben.

Wrth i mi ysgrifennu'r cofiant hwn, yn oes chwilota ar-lein, rwy'n ymchwilio ychydig i'r llyfr y gwnaeth Terry, yn llawn bwriad da, ei roi i Tony fy mrawd a finnau: *Approaching Manhood – Healthy Sex for Boys* gan Andrew George Elliot (yn ysgrifennu dan yr enw Rennie MacAndrew), a gyhoeddwyd gyntaf gan Elliot Right Way Books yn 1939. Ysgrifennodd Elliot lawer o lyfrau 'ffeithiol' am ryw ar adeg pan oedd hi bron yn amhosib cael gafael ar ganllawiau ymarferol o'r fath – rhywbeth i'w ganmol. Yn y 1940au a'r 50au anaml iawn y darperid gwybodaeth ddibynadwy, gall am hyd yn oed y materion rhywiol symlaf, yn arbennig ar gyfer pobl ifanc yn eu harddegau, ac roedd ei lyfrau yn llawn o'r hyn yr honnwyd ar y clawr ei fod yn 'good sense, good advice, and wisdom' – er eu bod yn adlewyrchu gwerthoedd ac agweddau oes a fu. Rwy'n siŵr bod Terry'n ceisio gwneud ei orau wrth roi'r llyfr i ni – ond roedd y mil naw chwe degau yn gyfnod gwahanol, ac roedd agweddau mwy goleuedig ynglŷn â rhyw a rhywioldeb yn dechrau cael eu cydnabod a'u derbyn.

4
Tŷ Gwyn

Roedden ni wedi bod yn yr Almaen bron i flwyddyn pan ddaeth y diwrnod na allai Ernst-Peter bellach gerdded efo ni a'r cŵn. Efallai fod y diwrnod wedi bod yn agosáu ers wythnosau, ond fod Jutta'n anfodlon ildio, a heb sôn wrth neb am y nosweithiau di-gwsg, neu ffrwydradau blin a gwyllt Ernst-Peter tuag at gymeriadau ar y teledu, neu'r damweiniau cyson pan na allai gael hyd i'r toiled. Ac yna un diwrnod, ar ôl gormod o nosweithiau heb gwsg, ni allai ddygymod dim mwy. Roedd ei rythm circadaidd o wedi trawsacennu neu wedi diflannu: nid oedd yna arwyddocâd i ddydd a nos. Efallai y byddai'n cysgu am awr neu dair ar y soffa, ond yna byddai'n cerdded o amgylch y tŷ – yn gwisgo a dadwisgo, yn gwisgo sawl trowsus . . . a sawl jersi . . . a sgertiau Jutta, a thaflu holl gynnwys y wardrob ar y llawr – am oriau ac oriau . . . ac oriau ac oriau . . . gwagio droriau, dymchwel y planhigion yn eu potiau oddi ar y silff efo un symudiad o'i fraich – ceisio dringo allan trwy'r ffenest er mwyn mynd i chwilio am adra. Mae cors biwrocratiaeth yr Almaen yn heriol ond hefyd yn effeithlon. Ymlwybrodd Jupp trwy'r ffurflenni ar-lein, y galwadau ffôn, y cyfweliadau a'r holl bryder blinderus, ac yn wyrthiol o fewn pedair awr ar hugain, roedd wedi cael lle iddo mewn cartref preswyl. Felly fe newidiodd ein bywydau a holl drefn ein dyddiau. Roedd y cartref gofal fel pìn mewn papur. Byddem yn mynd i'w weld ddwywaith neu dair yr wythnos . . .

71

a byddai'n rhythu arnom heb ddangos unrhyw emosiwn. Ac yna, un pnawn dydd Mawrth, gyda'i wraig a'i ddau fab wrth ei ochr, bu farw Ernst-Peter yn ddi-lol.

'Mae yna lawer o siarad bob tro mewn pentrefi bach,' medd yr offeiriad. Mae Jutta yn eistedd gyda'i chwaer a Jupp yn ein hystafell fwyta yn trafod yr angladd. Aiff yr offeiriad yn ei flaen, 'Mi fyddwn i'n ddiolchgar petaen ni'n ddiflewyn-ar-dafod o amgylch y bwrdd 'ma.' Mae'n sipian te poeth o un o gwpanau tsieina Meissen gorau fy mam-yng-nghyfraith – roedd hi wedi mynnu ein bod yn dod â nhw draw o'i thŷ hi gan nad oedd ein mygiau ni'n addas ar gyfer Herr Pastor Wieners. Mae o'n edrych ar bawb wrth i mi ddod â choffi o'r gegin. 'Rwy'n awyddus i beidio canu clodydd Ernst-Peter dim ond i gael rhywun yn dod ataf wedyn yn gofyn pam nad oeddwn i wedi gwneud fy ngwaith cartref.' Rwy'n ceisio dyfalu be ŵyr eisoes am fy nhad-yng-nghyfraith . . . ac a fydd sgandalau eraill yn cael eu datgelu.

Bu fy nhad fy hun, Terry, farw ym mis Gorffennaf 2001. Roedd wedi datblygu canser y prostad yn negawdau olaf y ganrif, ond wedi bod â gormod o gywilydd i ddweud wrth y meddyg ei fod yn gollwng a hyd yn oed yn gwlychu'i hun weithiau. Pan ddechreuodd gwyno am boen yn ei ysgwyddau mynnodd fy mam ei fod yn mynd i weld y meddyg teulu, ac erbyn hynny roedd y canser wedi lledu i'r esgyrn – ac yna i'w iau. Nid oedd ei farwolaeth yn hawdd, yn sydyn nac yn braf.

Yn ei angladd dywedodd ei frawd, Yncl Neil, wrth Tony, Jupp a finnau sut y bu ffrae fawr rhwng Terry ac yntau ynglŷn â chyfrinachau teuluol.

'Rŵan mae'r diawl 'di marw well i chi gael gwbod yr hanas,' dywedodd.

Os safwch ar ochr y cei, â'ch cefn tuag at aber llydan afon Mawddach, o'ch blaen fe fydd Davy Jones' Locker a'i brysurdeb yn gorlifo i'r palmant llydan; fel caffi fu i mi ei gofio erioed. Yn 1565, pan drefnodd Elizabeth I arolwg o forgeinciau a phorthladdoedd bach Cymru mewn ymgais i reoli môr-ladron, yr adeilad hwn, Tŷ Gwyn, oedd un o ddim ond pedwar adeilad a gofnodwyd yn *Abermowe*. Yn bensaernïol caiff ei ystyried yn 'dŷ neuadd llawr cyntaf' ac fe'i hadeiladwyd gan Gruffudd Fychan o Gorsygedol, Dyffryn, yn 1460. Cydnabyddir mai hwn yw'r adeilad hynaf yn Bermo. Yn Oes Fictoria cafodd ei newid o fod yn gwt cwch a stordy i fod yn dŷ annedd â mwy nag un teulu'n byw ynddo. Dychmygwch, os gallwch, ffenest fechan yn y talcen – yn y triongl bychan o wal o dan grib y to. Y tu ôl i'r ffenest hon, mewn hofel fel yn un o lyfrau Dickens, y treuliodd fy nhaid ei flynyddoedd cynnar dan amodau eithaf gwael.

Roedd Mary Jones, fy hen nain, yn byw yma ar lawr uchaf Tŷ Gwyn gyda'i phlant ei hun, ei mam, Rebecca (a 'gŵr' achlysurol Rebecca, Charles, nad oedd yn dad i'r genod), ei chwaer hŷn, Ann, a thri phlentyn llwyn a pherth Ann. Hyd at 1976 roedd hanner brawd a hanner chwaer fy nhaid, fy hen fodryb Anne (nid yr Ann uchod a oedd yn fodryb iddi) a'm hen ewythr Will, yn dal i fyw yn yr un lle yn y to. Rob dydd Sadwrn pan oeddwn i'n fachgen byddwn yn mynd â chacennau a theisennau wedi'u coginio gan fy nain iddynt, ac yn gwneud neges iddynt; roedd Anti Anne yn anabl – ei throed dde yn pwyntio am allan ar ongl a fyddai'n gyrru ias drwoch – felly anaml y byddai hi'n mynd ymhellach na gwaelod y grisiau y tu allan. Yn ystod yr hydref a'r gaeaf, pan na fyddai llawer o dwristiaid o gwmpas, byddwn yn nôl baco ar gyfer cetyn clai Anti Anne o'r siop fechan drws nesaf i'r Last Inn – roedd gan Mrs Williams y tu ôl i'r cownter dun o Golden Virginia mewn bag papur gwyn yn aros amdanaf bob tro. Yn ystod y tymor ymwelwyr ni fyddai Anti Anne yn prynu baco; byddai'n fy ngyrru allan at y cei i gasglu stwmps mewn bwced bach lan môr ac yn ystod yr wythnos byddai'n cael digon o faco ohonynt i lenwi'i chetyn. Doedd Yncl Will ddim yn dweud llawer – does gen i ddim cof ohono'n siarad efo fi; byddai'n gwisgo jersi llongwr las yn ddi-ffael a honno â thyllau yn y penelin – ac roedd ei fochau'n llawn gwythiennau cochion. Roedd eu cartref o dan y to yn drewi o biso cath a byddai gwrcath mawr coch yn cysgu ar glustog ger yr aelwyd bob tro.

Aeth Neil yn ei flaen â'r stori. 'Fe anwyd y plant i gyd yn y wyrcws.'

Esboniodd sut y bu i fy nhaid, Samuel Jones, gael ei eni ym mis Ionawr 1901 yn Nhloty'r Undeb yn Nolgellau. Yn llyfr cofnodion y tloty mae cofnod bod Mary Jones, Tŷ Gwyn, Bermo a'i mab Samuel yn awdurdodi Clerc y Gwarcheidwaid i orfodi 'Order in Bastardy' yn erbyn Enoch Egerton, teiliwr o Stryd y Bont, Corris. Mae'n rhaid bod Mr Egerton wedi cydnabod mai fo oedd y tad – neu o leiaf ei fod wedi cael cyfathrach agos efo Mary – gan y nodir bod y ffi esgor wedi'i thalu'n llawn. Roedd dau blentyn llwyn a pherth arall wedi'u geni i Mary cyn

Samuel: William – ym 1888, ac Anne – ym 1897, ac yna pedwerydd plentyn, Edmund, a anwyd ym 1907.

'Mae cofnodion cyfarfodydd y blaenoriaid yng Nghaersalem, y capel Methodist, yn niwedd y 1890au, yn dangos bod y ddwy chwaer wedi cael eu torri allan ar yr un diwrnod,' dywedodd Neil. 'Welis i fo fy hun – sgwennu *copperplate* werth ei weld – ond fel ffŵl 'nes i ddim sgwennu'r dyddiad.'

Pan oeddan nhw'n blant nid oedd Samuel a William yn adnabod ei gilydd. Flwyddyn cyn i Samuel gael ei eni, dyfarnodd Ustusiaid Bermo fod Mary Jones yn fam esgeulus ac anfonwyd William – oedd yn 'hogyn drwg' yn y dref, ond nid yn droseddwr – i'r *Clio*, Llong Hyfforddiant Ddiwydiannol a oedd wedi'i hangori yn afon Menai. Yno byddai'n cael ei addysgu a'i hyfforddi ar gyfer bod yn llongwr yn Llynges Frenhinol Prydain. Tyfodd William i fod yn ddyn bach byr – rhy fyr ar gyfer y Llynges Frenhinol, ac ar ôl y *Clio* aeth i'r Llynges Fasnachol cyn dychwelyd i Bermo yn 1922 i weithio fel dyn fferi ar afon Mawddach. Ei gwch modur, *Pansy*, oedd un o'r cychod modur cyntaf ar yr afon.

Ym mlynyddoedd cynnar yr ugeinfed ganrif roedd Samuel yn byw yn yr ystafelloedd gorlawn, cyfyng yn Nhŷ Gwyn. Roedd ei hanner chwaer Anne, â'i choes a dorrwyd yn ddrwg ac na asiodd yn iawn, yn treulio llawer o'i hamser yng ngwely ei nain, ond roedd gan Samuel ei gyfnither a'i gefnder, Gwen ac Evan, yn gwmni. Flynyddoedd wedyn byddai Samuel bob tro'n cyfeirio at Gwen ac Evan fel ei chwaer a'i frawd, gan fod eu plentyndod wedi bod mor agos. Ond daeth y plentyndod hwnnw i ben yn ddisymwth iawn i Samuel pan werthodd ei fam o i fod yn was bach yng Nglanymorfa, fferm ar lannau afon Dysynni ger Tywyn, ryw ychydig filltiroedd i'r de o Bermo.

'Mi soniodd Dad am y peth, unwaith,' dywedodd Neil. 'Allai o ddim cofio yn union faint oedd ei oed o, ond roedd o'n meddwl mai diwedd yr haf cyn ei fod o'n naw oedd hi . . . yn y ffair gyflogi, a ffermwyr yr ardal yn cyflogi gweithwyr am ychydig ddyddiau neu wythnosau i helpu efo'r cynhaeaf. Roedd o'n cofio bod yn nhrol y ffermwr ac yn galw ar ei fam wrth iddi gerdded i ffwrdd – roedd o'n cofio na wnaeth hi droi i godi llaw arno fo.'

Yng Nglanymorfa roedd Samuel yn cysgu ar fatres llawn gwair yn un o'r adeiladau. Fe wnaeth Ginny, unig blentyn y fferm ac efallai rhyw dair neu bedair blynedd yn hŷn na fo, ddangos ychydig o garedigrwydd, trwy ddod â blanced arall iddo ar ôl iddo gwyno ei fod yn oer yn y nos . . . ac weithiau byddai'n dod ag ychydig o bwdin reis oer, gweddillion y cinio dydd Sul. Roedd yn gweithio saith diwrnod yr wythnos – bachgen yn gwneud gwaith dyn. Yn ystod ei flynyddoedd ar y fferm roedd yn aml yn oer ac yn llwglyd, ond yna daeth y Rhyfel Mawr. Ym mis Ionawr 1915, ychydig ddyddiau ar ôl ei ben-blwydd yn bedair ar ddeg, diwrnod na ddathlodd neb, cerddodd i ffwrdd o Lanymorfa ac wrth i'r trên nwyddau arafu wrth fynd heibio gorsaf fach Tonfannau dringodd i mewn i un o'r cerbydau agored a chael pàs. Roedd blynyddoedd o waith caled wedi troi'r bachgen yn ddyn ifanc cryf; yn bedair ar ddeg roedd yn hawdd perswadio eraill ei fod yn un ar bymtheg a daeth o hyd i waith gyda'r Birmingham Small Arms Company yn Sparkbrook, yn cynhyrchu reifflau, gynnau Lewis, sieliau a beiciau modur a cherbydau eraill oedd eu hangen adeg rhyfel.

'Roedd y landledi lle roedd o'n aros yn glên efo fo,' dywedodd Neil. 'Roedd o'n hoff ohoni a hithau wedi cymryd ato yntau ac yn gwneud ei olchi am ddim.'

Nid oedd y rhyfel gyda'r Almaen drosodd erbyn y Nadolig. Yn ystod 1915 drafftiwyd deddfwriaeth i gyflwyno gorfodaeth filwrol ac ym mis Ionawr 1916 pasiwyd y Ddeddf Gwasanaeth Milwrol. Roedd yn cael ei gorfodi ar ddynion sengl rhwng 18 a 45, ac roedd yn amhoblogaidd. Gan ei fod yn gweithio yn cynhyrchu nwyddau ar gyfer yr ymgyrch ryfel ni wnaeth Samuel feddwl rhyw lawer am y posibilrwydd o gael ei alw i ymladd, ond ychydig cyn ei ben-blwydd yn un ar bymtheg, ym mis Ionawr 1917 – oherwydd iddo ychwanegu dwy flynedd at ei oed er mwyn cael gwaith yn y ffatri – derbyniodd Samuel ei bapurau drafft ac ymunodd â'r Ffiwsilwyr Brenhinol Cymreig.

Yn ystod wythnosau olaf ei hyfforddiant cychwynnol trawyd Samuel yn wael gyda niwmonia dwbl, a phan anfonwyd ei uned i Ffrainc roedd o mewn ysbyty filwrol. Yn ystod 1917 cynyddodd y gwrthryfel yn Iwerddon, ac ym mis Tachwedd, ac yntau wedi gwella o'i salwch, anfonwyd ef yno, lle y bu tan 1921.

Ar ôl gadael y fyddin dechreuodd Samuel ar bren-tisiaeth i gyn-filwyr fel gwneuthurwr dodrefn yn y Drenewydd (a oedd yn rhan o Sir Drefaldwyn ar y pryd). Yn ystod ei gyfnod yn Iwerddon, yn ogystal â datblygu hoffter o'r cwrw du, roedd wedi dod yn chwaraewr snwcer brwdfrydig a medrus ac fe wnaeth ffrindiau newydd mewn dim o dro yn nhafarndai'r dref.

Roedd yn gwneud yn dda iawn efo'r brodyr Baxter . . . ac yn ffansïo'u chwaer, Gladys. Hi oedd unig ferch John Samuel Baxter, arwr yn yr ymgyrch yn Galipoli, ac roedd ei thad am i 'Gladys ni' briodi rhywun gwell, a doedd tueddiad Samuel i osgoi ateb cwestiynau am ei deulu ond yn ychwanegu at ei bryder. Yn ddiarwybod i'r cwpl ifanc aeth John Baxter ar drên i Bermo, a thros beint yn y Last Inn dysgodd am ddiffyg parchusrwydd y teulu a oedd yn byw yn y garet yn Nhŷ Gwyn. Fe wnaeth y tafarnwr hyd yn oed gyfeirio at fam a modryb Samuel fel 'trollops' a 'baggage'.

Ond rhedodd Samuel a Gladys i ffwrdd a phriodi yn y dirgel yn 1926. Roedd John Baxter wedi gwneud ei orau i rwystro'i ferch rhag priodi 'plentyn siawns hwren' – ond roedd Gladys yn gadarn ei phenderfyniad. Bu'r ddau'n briod am hanner cant a phump o flynyddoedd a chawsant bedwar mab; fy nhad, Terry, oedd yr ail fab.

'Os dw i'n onest,' dywedodd Yncl Neil, 'mi ddylwn i fod wedi deall yn well pam nad oedd Terry am wbod llawer am deulu Tŷ Gwyn. Oherwydd ei goes ddrwg wnaeth o 'rioed adael Bermo – dim *National Service*, dim digon o bres i'w yrru o i'r coleg. Bermo oedd ei fywyd o; Megan a chi'ch dau, y band, y Buffs, chwarae banjo yn y grŵp jas . . . ac mi oedd o'n agos at ei fam, oherwydd ei anabledd am wn i – mwya tebyg ei bod hi wedi'i ddifetha fo dipyn. Roedd gan Mam, am ei bod hi'n gwbod chydig o hanes Samuel, ofn gwneud unrhyw beth o'i le – bod yn barchus a chael ei derbyn oedd ei nod bob dydd yn ystod ei phriodas, a dw i'n meddwl fod Terry'n credu y byddai atgyfodi'r hanes, a gwbod mwy am deulu Dad, yn ei brifo hi.'

Roeddwn i a Tony wedi'n hudo gan y stori . . . ac yn synnu ein bod ni yn ein pedwardegau hwyr cyn dysgu am yr hyn a ddigwyddodd ar lawr uchaf Tŷ Gwyn.

'Tybed,' meddwn wrth Jupp wrth yrru adref o'r angladd, 'petawn i wedi gwbod am y stori pan o'n i'n tyfu fyny, fyswn i wedi bod â llai o gywilydd ac euogrwydd ynglŷn â bod yn hoyw? Ofn dwyn gwarth ar y teulu oedd yn gwneud i mi gelu'r peth – byw y bywyd deublyg yna am gyn hired.'

5
WDR4:
Thunder in my Heart

Gan ein bod mor agos i'r ffin, yr unig orsaf radio Almaeneg sydd i'w chlywed yn glir ar y radio larwm wrth ochr y gwely – un sy'n sefyll fel morglawdd yng nghanol llif o Iseldireg – yw WDR4, pedair awr ar hugain o hen ganeuon a sgwrsio. Ymhlith y caneuon Almaeneg a Ffrangeg mae yna gryn dipyn o gerddoriaeth boblogaidd Saesneg o'r mil naw pedwar degau ymlaen. Tydi gwrando ar WDR4 ddim llawer o help i fy Almaeneg, ond rwy'n mwynhau blasu'r atgofion sydd yn cael eu rhyddhau gan y caneuon hyn rhwng cwsg ac effro . . . weithiau maent yn atgofion ingol.

Mae Leo Sayer yn canu 'Thunder in my Heart', ac rwy'n cofio Dafydd Owen. Wnaeth o ddim fy nhrin yn dda, ond ar y pryd, yn Aberystwyth, yn 1977, doeddwn innau ddim mewn cyflwr ar gyfer y fath berthynas; roeddwn newydd gael fy un ar hugain a hon oedd fy mherthynas hoyw gyfreithlon gyntaf, ond a finnau'n llawn amheuon ac atgofion o'r driniaeth sioc drydanol, fe aeth pethau o le. Mwya tebyg na wnes i ei drin yntau'n dda chwaith ond fe barhaodd y ddau ohonom yn ffrindiau. Fe wnaeth Meck aildrefnu perfformiad Sayer o'r saithdegau a rhyddhau 'Thunder in my Heart Again' yn 2006 ac fe gyrhaeddodd frig y siartiau ym Mhrydain ym mis Chwefror; roeddwn i a Jupp wrthi'n cynllunio'n Partneriaeth Sifil.

Fi oedd un o aelodau cychwynnol LGB Forum Cymru, chwaer fudiad i Stonewall, yr elusen cydraddoldeb LGB oedd wedi'i lleoli yn Llundain. Roedd y fforwm hwn, a sefydlwyd yn ystod misoedd cyntaf 2001, yn ganlyniad i sawl tueddiad. Roedd Cynulliad Cenedlaethol Cymru wedi sefydlu Pwyllgor Cyfle Cyfartal, dan gadeiryddiaeth Edwina Hart, y Gweinidog dros Gyllid a Llywodraeth Leol. Roedd hefyd wedi sefydlu Uned Polisi Cydraddoldeb o fewn y Groufa Hyrwyddo Cydraddoldeb. Ar yr un pryd roedd cyfarwyddwr gweithredol Stonewall, Angela Mason, wedi bod yn lobïo'r Cynulliad Cenedlaethol i ddarganfod 'gwir' lais y cymunedau LGB ar draws Cymru, ac roedd wedi bod yn siarad efo grwpiau LGB ledled y wlad yn ystod yr hydref yn y flwyddyn 2000 ynglŷn â sut y gallent rwydweithio a dod yn llais credadwy, cynrychioladol y gallai'r Cynulliad wrando arno.

Fel cyd-gadeirydd cyntaf y Fforwm, ar y cyd efo Gloria Jenkins o Gaerdydd, roeddwn i'n dod yn aelod o Fwrdd Ymddiriedolwyr Stonewall a bûm ar y bwrdd am ychydig flynyddoedd. Roedd y frwydr dros hawliau priodi cyfartal yn un o ymgyrchoedd Stonewall, ac er nad oeddwn i'n rhan uniongyrchol o'r frwydr arbennig honno, roedd y rhan fwyaf o'r bobl a oedd yn ein hadnabod yn dda yn cymryd, oherwydd y cyswllt hwn, y byddai'r ddau ohonom yn 'priodi' unwaith y byddai'r ddeddf wedi'i gwthio trwodd – yn dechrau bod yn 'civilised' fel y byddai rhai'n cellwair (oherwydd yn y pen draw daethpwyd i adnabod statws cyfreithiol dau gymar o'r un rhyw fel 'Civil Partnership'). Wedi'r cyfan, roedd y ddau ohonom wedi bod efo'n gilydd ers ugain mlynedd. Yn ystod yr holl amser yna doeddwn i a Jupp erioed wedi trafod 'priodi', ond yn fuan ar ôl i'r ddeddfwriaeth ddod i rym yn 2005 gofynnodd i mi ei briodi. Roedd y ddau ohonom yn Rhufain ar wyliau byr, ac yn ystod swper yng ngolau cannwyll mewn bwyty bach ar lan afon Tiber, penliniodd a gofyn. Cymeradwyodd y rhai oedd yn gweini, dymuno'n dda i ni a rhoi'r gwin a'r pwdin i ni am ddim!

Ein bwriad yn wreiddiol oedd mynd i'r Swyddfa Gofrestru yn dawel gyda dau dyst – ond ar ddiwrnod dwl, ond sych a chynnes ym mis Ebrill 2006, daeth mwy na chant o bobl, teulu a ffrindiau o bob pennod o'n bywydau, gyda ni i Bortmeirion i ddathlu. Roedd y seremoni, yn Gymraeg, Almaeneg a Saesneg, yn rhyw-beth roedd y ddau ohonom wedi bod yn gweithio arno am wythnosau, ac i lawer o'n gwesteion roedd yn Bartneriaeth Sifil gyntaf gofiadwy. Canwyd y delyn gan Ann Williams, hen ffrind o Aberystwyth – alawon traddodiadol Cymreig ac Almaenig – ac roedd Philip Roderick, cyfaill o ddyddiau coleg ac un o'r chwe chlerigwr a oedd yn dathlu efo ni, yn chwarae ei ddrwm Hang. Roedd cynhesrwydd a diffuantrwydd llawenydd y rhai oedd wedi ymgynnull efo ni wedi cyffwrdd y ddau ohonom i'r byw. I mi, roedd y dystiolaeth a welais y diwrnod hwnnw o'u cariad ac o'r ffaith eu bod yn ein derbyn yn gwella llawer ar y clwyfau a grëwyd gan ddegawdau o ddirmyg ac esgymuno.

Dewisodd Ernst-Peter, tad Jupp, beidio dod i Gymru i ddathlu efo ni. Nid oedd yn fodlon trafod efo ni. Dywedodd wrth Jutta am ddweud wrthon ni fod yn rhaid i rywun aros yn Effeld i edrych ar ôl y ci. Ac roedd Dafydd Owen, a oedd wedi parhau i fod yn gyfaill am ddeng mlynedd ar hugain, yn absennol hefyd: collwyd ef i ganser dim ond ychydig wythnosau ynghynt.

6
Trydan

Roedd y ddau ohonom wedi bod yn yr Almaen cwta dri mis pan wnes i bron ddisgyn o ben ystol tri metr wrth beintio nenfwd ben grisiau y tŷ roeddem yn ei araf droi'n gartref. Nid yw penstandod wedi bod yn broblem i mi erioed – rwyf wedi neidio'r bwlch rhwng y Bugail a'i Wraig ar gopa Tryfan dwn i ddim faint o weithiau a fi oedd yr un fyddai bob tro'n awgrymu dringo'r tŵr, cerdded ar hyd llwybr y clogwyn, mynd ar y cadeiriau codi neu ddringo i'r copa uchaf. Roedd gwaelod yr ystol yn saff yn erbyn y bedwaredd ris ac ni allai symud, ond roedd popeth o'm hamgylch yn symud. Llwyddais i ddod lawr o ben yr ystol, yn benysgafn ac allan o wynt. Eisteddais ar y ris isaf yn aros i mi ddod ataf fy hun ac roeddwn yn teimlo fel petai llond basged o nadroedd yn cordeddu yn fy mrest. Ond doedd dim poen. Yna, ymhen dim ond ychydig funudau, tawelodd y nadroedd, a dechreuais anadlu'n dawel a pheidio teimlo'n chwil. Yna cofiais fod hyn wedi digwydd un waith o'r blaen, mewn sefyllfa lai dramatig – roeddwn yn taflu priciau i'r cŵn i mewn i'r tonnau ar draeth Bermo, ychydig ddyddiau cyn i ni fudo; adeg honno roeddwn wedi eistedd ar y tywod am ychydig nes teimlo'n well . . . Nel yn cyfarth am ei phric a Wash â'i ben ar un ochr yn pendroni. Ailddechreuais gerdded ar hyd y traeth, a meddwl fy mod wedi bod yn plygu i fyny ac i lawr ormod wrth godi'r priciau'n rhy sydyn a'u taflu bob tro y byddai'r cŵn yn eu gollwng wrth fy nhraed.

Rwy'n dioddef o glefyd coronaidd y galon. Yn fuan ar ôl fy mhen-blwydd yn ddeugain a saith, fis Gorffennaf 2003, ar ôl tair wythnos o 'ddiffyg treuliad' annifyr ysbeidiol, anfonwyd fi i Ysbyty Arrowe Park lle cadarnhawyd y diagnosis – culhau difrifol yn y gangen o'r prif rydweli cardiaidd sy'n bwydo'r folgell chwith; fe'i gelwir y LAD – y *Left Anterior Descending*. Ac fe gyfeirir at y culhau hefyd fel 'y crëwr gwragedd gweddwon'. Trosglwyddwyd fi, mewn ambiwlans â golau glas yn fflachio, i'r Liverpool Heart and Chest Hospital, a gosodwyd stent yn y LAD. Petai'r rhydweli wedi cau'n llwyr neu wedi byrstio yn ystod y driniaeth byddwn wedi bod angen llawdriniaeth agored ar y galon yn syth i osod dargyfeiriad . . . a gallai Jupp fod wedi ei adael yn ŵr gweddw a byddai rhaid ailystyried enw'r aflwydd.

Roeddwn wedi gwella'n gorfforol yn fuan iawn, ond cafodd fy hunanhyder a'm hymdeimlad o bwy oeddwn i gryn ysgytwad ac ni wnaeth hyd yn oed deg wythnos o adferiad cardiaidd adnewyddu fy hunanfeddiant yn llwyr. Dysgais newid rhai agweddau ar fy ffordd o fyw: defnyddio'r grisiau, byth y lifft na'r grisiau symudol, llai o gig coch, llai o fwyd yn gyffredinol – er fy mod i wedi bod yn eithaf cyson fymryn yn drymach na phen uchaf fy mhwysau delfrydol doeddwn i erioed wedi bod dros fy mhwysau'n sylweddol, ond cyngor y cardiolegydd oedd anelu at waelod yr ystod pwysau delfrydol a cholli stôn neu ddwy. Ond roeddwn yn edrych yn esgyrnog iawn pan oeddwn yn 11 stôn, felly derbyniwyd bod 12 stôn yn iawn. Roedd angen i mi yfed llai o alcohol hefyd, a gwneud mwy o ymarfer corff – sy'n esbonio'r cŵn! Efallai fod hyn yn swnio'n od, ond dysgais hefyd i 'wrando' ar fy nghalon – dod yn ymwybodol o'i rhythmau, ac a oedd yna unrhyw boen, tebyg i angina. Rwyf wedi bod ar dabledi ers hynny . . . beta-atalyddion, statinau, atalyddion ACE, ac asbrin. Roedd dibynnu ar gyffuriau, a finnau mor ifanc, yn fwrn . . . mae'n dal yn fwrn arnaf; nid yw'n cyd-fynd â fy nelwedd ohona i fy hun.

Oherwydd fy hanes meddygol es i weld cardiolegydd o fewn dyddiau i mi bron ddisgyn oddi ar yr ystol. Roedd rhaid i Jupp ddod efo fi gan fod fy Almaeneg yn dal braidd yn brin – rhywbeth nad oedd yn hawdd iddo gan nad yw'n dygymod yn dda efo pethau meddygol. Roedd Herr Doktor Brück yn drwyadl, ond roedd ei ymarweddiad erchwyn gwely braidd yn oeraidd. Teimlwn fy mod yn cael fy mhrosesu yn ôl y drefn oedd ar y lliaws ffurflenni oedd ar ei glipfwrdd . . . efallai pe bawn yn fwy rhugl yn yr iaith y byddem wedi cael mwy o sgwrs ac y byddai fy argraff ohono'n wahanol. Trefnwyd ECG 24 awr – electrocardiograffeg yw'r broses o fesur gweithgaredd trydanol y galon dros gyfnod o amser trwy gyfrwng electrodau ar y croen – ac fe ddangosodd hwnnw anghysonderau yn rhythm y galon, ffibriliad atrïaidd gwan, lle mae un o siambrau'r galon yn curo'n rhy gyflym ac yn chwalu rhythm y galon. Felly dyna oedd y fasged o nadroedd yn gwau trwy'i gilydd! Cynyddodd Dr Brück fy nôs o beta-atalyddion, ' . . . mae hynna fel arfer yn rheoli curiad afreolaidd,' dywedodd, ac ysgrifennodd bresgripsiwn am wrthgeulydd gan fod tolchen o fewn y galon yn aml yn deillio o arhythmia oherwydd nad yw siambrau'r galon yn gwagio'n llwyr ar bob curiad.

Roedd y broses o osod electrodau ar fy nghorff yn deffro rhai atgofion tywyll iawn y dewisais eu

hanwybyddu . . . gwlad newydd . . . bywyd newydd –
doedd dim angen mynd yn ôl i'r fan yna. Dychwelais i
fod yn brysur yn gweithio ar y tŷ, ond roedd y teimlad
o fod yn chwil yn gydymaith yn eithaf aml. Erbyn
mis Medi roedd y nadroedd yn fy mrest yn symud yn
amlach, felly cynyddwyd y dos o'r atalydd beta unwaith
eto – ond erbyn dechrau Tachwedd roedd fy nghuriad
pwls afreolaidd wedi 'sefydlogi' rhwng 150 a 160 curiad
y funud a'r nadroedd byth yn llonydd. Roedd fy meddyg
teulu a Dr Brück o'r farn y dylwn fynd i'r ysbyty. Y cam
cyntaf yno fyddai ceisio rhoi sioc i fy nghalon fyddai'n ei
dychwelyd i'w churiad arferol, ac os na fyddai hynny'n
gweithio, byddai angen llawdriniaeth o'r enw abladiad.

Mae'r driniaeth sioc yn rhywbeth eithaf cyffredin.
Rhoddwyd padiau gludiog ar fy mrest ac ar fy nghefn.
Roedd y technegydd, dyn gwallt golau yn ei ddeugeiniau
gyda thatŵs ar ei freichiau a gwên oedd yn datgelu dant
aur, yn cymryd gofal i esbonio'r hyn roedd yn ei wneud,
a'i Saesneg yn well na fy Almaeneg i. Byddai'r peiriant yn
rhoi sioc i fy nghalon pan fyddai'n cysylltu'r gwifrau i'r
padiau ar fy mrest, a hynny'n ei thaflu yn ôl i'w churiad
normal . . . 'But we might have to do it more than once.
All these machines measure and regulate . . .' chwifiodd
ei fraich i gyfeiriad yr holl sgriniau wrth i'w Saesneg
ddiflannu. 'I'll give you a shot of this,' ychwanegodd, gan
ddangos chwistrell. 'You'll only be asleep for about ten
minutes and when you wake up I hope your heart will be
calm.'

Ysbyty arall mewn oes arall, mewn gwlad arall. Ystafell
ymgynghori yn Ysbyty Gogledd Cymru, Dinbych, ar

ddiwrnod ym mis Ionawr 1975 a hithau'n bwrw eira, a'r Dr Dafydd Alun Jones, ymgynghorydd seiciatryddol, yn esbonio triniaeth sioc drydanol. Doeddwn i ddim isio bod yn hoyw. Doeddwn i ddim isio cael fy mwlio a 'ngwatwar am weddill fy oes. Roeddwn yn ddeunaw oed a'r cywilydd, a'r gwarth ar fy nheulu, yn fy ninistrio. Roeddwn yn ddeunaw oed ac wedi fy mharlysu gan euogrwydd ynglŷn â'm harbrofi eang a chynhwysfawr a chudd â dynion eraill. Roeddwn yn ddeunaw oed ac yn ystyried gwneud amdanaf fy hun. Roeddwn yn ddeunaw oed a gallwn wneud fy mhenderfyniadau fy hun ynglŷn â thriniaeth feddygol – a'r driniaeth oedd yn cael ei chynnig oedd Therapi Anghymell Sioc Drydanol. Flynyddoedd lawer yn ddiweddarach darganfûm fod y dull hwn o 'wella' pobl o fod yn hoyw, rhywbeth a oedd yn dal i gael ei ystyried yn salwch mor ddiweddar â'r 1980au, wedi cael ei wrthbrofi erbyn diwedd y 1960au ym mhob cyfnodolyn seiciatryddol yn Ewrop a'r Unol Daleithiau. Yn amlwg, nid oedd Dr Jones wedi sicrhau bod ei wybodaeth yn gyfredol, a thra bod gen i'r gras i ymddiried ei fod yn gwneud yr hyn y credai ei fod yn feddygol addas, ni allaf faddau iddo am ei ddiogi proffesiynol.

'I had to shock you twice,' meddai'r technegydd â'r tatŵs gyda'i acen Almaenaidd. 'Your heart likes to race.' Erbyn i mi ddod ataf fy hun roedd wedi tynnu'r padiau gludiog oddi ar fy mrest a fy nghefn, ac roedd yn brysur yn fy nghysylltu gyda monitor calon symudol cyn fy anfon yn ôl i'r ward. Ymhen dim ond ychydig oriau roedd y nadroedd yn fy mrest yn gwingo eto a chadarnhaodd y meddyg ar y ward y byddai'n rhaid i mi gael abladiad PVI (*pulmonary vein isolation*). Roedd ei Saesneg hi mor wael â'm Halmacneg i, ond darganfûm dudalennau gwe'r Gwasanaeth Iechyd Gwladol a oedd yn esbonio'r driniaeth: trwy gathetr wedi'i osod mewn rhydweli yn fy ngafl byddai'r meddygon yn gallu cael at du mewn fy nghalon a chael hyd i'r darnau o gyhyr oedd yn creu hyrddiadau trydanol anghyson, a'r rheini'n eu tro'n achosi'r arhythmia. Ar ôl eu darganfod byddai'r darnau hyn o gyhyr y tu mewn i fy nghalon yn cael eu dinistrio – trwy eu llosgi neu eu rhewi – a byddai'r graith ar ôl y llosgi yn rhwystro unrhyw signalau anghywir a fyddai'n dal i gael eu creu.

Yn nes ymlaen y diwrnod hwnnw daeth y cardiolegydd fyddai'n gwneud y driniaeth i siarad efo fi. Edrychai fel petai wedi dod yn syth i'w gwaith ar ôl bod yn carlamu ar gefn ceffyl, yr aroleuadau golau yn ei gwallt blith draphlith, ôl tywydd ar ei hwyneb . . . bochau cochion a phantiau bach ynddynt. Roedd ei llais yn ddwfn a garw, fel petai'n ysmygu deugain y diwrnod – ond llawfeddyg y galon ydi hi, felly efallai nad ydi hynny'n wir. Roedd hi'n edrych fel petai wedi byw bywyd ac roedd ganddi wên a wnâi i ddyn fod isio ymddiried ynddi. Felly mi wnes i ei chredu pan ddywedodd wrtha i, mewn Saesneg rhugl, 'Rydym yn ganolfan arbenigol ar gyfer cathetreiddio'r galon, ac er bod abladu'n swnio'n ddychrynllyd, mae'n rhywbeth yr ydym yn ei wneud yn rheolaidd yma – mae'n hollol ddiogel ac yn llwyddiant y tro cyntaf i'r rhan fwyaf o gleifion.'

Cyn y driniaeth roedd rhaid sganio fy nghalon i wneud yn siŵr nad oedd yna dolchen yn llechu yno. Pan fydd y galon yn curo'n afreolaidd mae bob amser berygl na fydd y siambrau'n gwagio'n iawn – a dyna pryd y gall tolchen ffurfio. Ond nid yw'n bosib sganio calon sy'n rasio, felly roedd angen ymweld eto â'r dyn efo'r dant aur er mwyn iddo roi sioc arall i fy nghalon i adael iddi guro'n normal yn ddigon hir i'r sganiwr wneud ei waith.

Yn yr hen seilam Fictoraidd yn Ninbych roedd fy nghorff yn derbyn sioc os oeddwn yn ymateb i ddelweddau erotig o ddynion. Fe ddylai fod gwain wedi cael ei gosod am fy mhidlen i fesur chwydd, a byddai'r sioc yn cael ei rhoi trwy gyfrwng strap o amgylch fy ngarddwn. Efallai oherwydd bod y driniaeth yn hen ffasiwn, neu efallai oherwydd bod cyn lleied o ddynion wedi ceisio iachâd ar gyfer bod yn hoyw yn Ysbyty Gogledd Cymru, nid oedd ganddynt y wain bwrpasol, y *penis transponder*. Felly roeddwn yn noeth o'r canol i lawr. Dangoswyd pornograffi hoyw i mi, y math o beth nad oeddwn wedi'i weld erioed o'r blaen, ac os oedd fy mhidlen yn rhoi'r plwc lleiaf, yn dechrau chwyddo neu yn magu min, byddwn yn derbyn sioc. Am gyfnod o rhwng hanner awr ac awr, bob dydd am wythnosau lawer, roedd fy ymateb rhywiol i ddelweddau erotig o ddynion yn dod yn gyfystyr â sioc drydanol a'r teimlad annifyr trwy fy nghorff. Wn i ddim pryd yn union y gwnes i ddechrau sylweddoli bod y driniaeth roedd y Dr Dafydd Alun Jones wedi'i chymeradwyo yn gamdriniaeth.

Cymerodd bron i bedair awr i Frau Doktor a'i chymhorthydd ifanc gwblhau'r driniaeth abladu – gwres wedi ei gynhyrchu â thrydan yn llosgi craidd y cynyrfiadau twyllodrus a oedd wedi cyflymu curiad fy nghalon yn arhythmia di-drefn. Ac fe ddofwyd fy nghalon.

Unwaith yr oeddwn wedi colli ffydd yn y therapi anghymell collais unrhyw awydd i barhau â'r driniaeth . . . ac unwaith yr oeddwn wedi dechrau gweld y siociau trydan fel camdriniaeth, collais fy ffydd yn Dafydd Alun Jones. Ond roeddwn hefyd yn teimlo wedi fy nghaethiwo, fy meddwl wedi'i bylu gan gyffuriau gwrthiselder a thawelyddion, a hefyd gan ryw derfynau roeddwn wedi'u creu fy hun a oedd yn ei gwneud ym amhosib gwrthod yr help yr oeddwn yn cael ei gynnig. Felly parhau wnaeth y pornograffi a'r orgasmau trydan.

7
WDR4: Puppy Love

Mae deffro i sŵn Donny Osmond yn canu 'Puppy Love' yn mynd â fi'n ôl i babell fechan ar Fegla Fawr – y diwrnod y daeth fy mhlentyndod, os nad fy niniweidrwydd, i ben.

Yn fuan ar ôl gorffen fy lefel O, yn haf 1972, roeddwn yn mynd am dro ar fy meic un gyda'r nos braf ar ôl gorffen fy ngwaith gwyliau yn y siop tsips. Wrth groesi Pont Bermo, mi wnes i nabod rhywun roeddwn wedi'i weld yn gogor-droi ger y toiledau cyhoeddus ym mhen arall y prom. Roedd o'n hŷn na fi, pedair ar bymtheg neu ugain oed efallai. Gwenais arno wrth i mi ddynesu ato ac fe wenodd yn ôl a'm cyfarch yn Saesneg,

'Helô, dw i'n dy nabod ti'n dydw?'

'O ben draw'r prom,' dywedais, hanner cwestiwn, hanner datganiad.

'Ia, dw i'n meddwl,' atebodd gan chwerthin.

'Ti ar dy wylia, 'ta?' holais.

'Yndw . . . Dw i'n campio ar y bryn 'na ym mhen draw'r bont,' dywedodd gan bwyntio i'r cyfeiriad hwnnw. 'Mae pabell chydig mwy cyffordddus na'r toilets . . . 'mond os ti isio'n de.'

Mi oeddwn i isio – ac yn falch fy mod i wedi cael bath ar ôl gwaith a ddim yn drewi o bysgod wedi ffrio a finag. Gwthiais fy meic wrth i ni gerdded efo'n gilydd ar draws y bont. Dw i'n cofio ein bod fel petaem yn gyffordddus yng nghwmni'n gilydd.

Roedd hi wedi bod yn ddiwrnod heulog ac mi oedd hi'n llethol y tu mewn i'r babell fach.

'Mi ro i'r radio arnodd,' dywedodd. 'Dw i ddim isio i neb ein clywed ni.'

Doeddwn i erioed wedi bod yn gwbl noeth efo bachgen arall ac mi oeddwn i'n mwynhau gorwedd wrth ei ochr, ei gyffwrdd, fo'n fy nghyffwrdd i. Gorweddodd y ddau ohonom felly am yr hyn oedd yn ymddangos yn amser maith, dim ond cyffwrdd – a chusanu. Doeddwn i 'rioed wedi cusanu felly o'r blaen. Roeddwn yn hoffi ei flas a'r ffordd roedd o'n rhedeg ei dafod ar hyd fy ngwefus. Ond yna fe ledodd fy nghoesau a dechrau gwthio i mewn i mi.

'Dw i ddim isio gwneud hynna,' dywedais.

Dechreuodd Donny Osmond ganu am ei *puppy love*.

'Wna i ddim dy frifo di, wir yr,' dywedodd gan fy mwytho'n ysgafn. 'Wna i ddim dy frifo di . . . os wnei di ymlacio . . . mi fydd o'n teimlo'n braf.'

Symudodd yn ôl wrth fy ochr a'm hanwylo a chusanu ychydig mwy ac yna llyfu ei fys.

'Jest ymlacia,' dywedodd, a mwytho'n ysgafn rhwng fy nghoesau.

Roedd o'n teimlo'n braf. Doeddwn i erioed wedi cyffwrdd fy hun yn fanna o'r blaen – ac mi oeddwn i'n diolch eto fy mod wedi cael bath.

Ond yna mi oedd o rhwng fy nghoesau eto, yn gwthio.

'Dw i ddim isio,' dywedais eto – ond mi oedd o wedi gwthio'n galed i mewn i mi. A Donny'n dolefain:

> Someone, help me, help me, help me please;
> Is the answer up above?

How can I, oh how can I tell them?
This is not a puppy love.

Roedd rhaid i mi wthio fy meic yn ôl dros y bont i Bermo.

8
WDR4: San Francisco

Bore arall ar y ffin. Mae'r Gweinidog Cartref yn y llyw-odraeth ym Merlin, Horst Seehofer, yn datgan nad oes lle i Islam yn yr Almaen. Mae Jupp yn dweud ei fod â'i lygad ar yr etholiadau ym Mafaria, talaith Seehofer, lle mae'r AfD – yr Alternative für Deutschland adain dde eithafol – wedi ennill nerth ac yn fygythiad gwirioneddol i blaid Seehofer, y Christlich-Soziale Union (y chwaer blaid ym Mafaria i blaid lai ceidwadol Angela Merkel, y Christlich Demokratische Union).

'Mae'n rhaid iddo berswadio'r etholwyr ei fod yn gadarn ar bolisi ffoaduriaid Merkel neu fe fydd yn colli i'r AfD,' medd Jupp.

'Ond mae yna *Gastarbeiter* Twrcaidd wedi bod yma ers y 1960au?'

'Mae yna'n agos i dair miliwn o Dyrciaid yma,' medd Jupp, 'ac mae'n siŵr bod y rhan fwyaf ohonyn nhw'n Fwslimiaid.'

'Dychmyga 'sa fo'n deud nad oes yna le i Iddewiaeth yn yr Almaen,' awgrymaf, yn methu credu bod Seehofer yn wleidydd credadwy. 'Wyt ti'n credu na all o wir weld y gyffelybiaeth?'

'Mwya tebyg ei fod o'n credu yn yr hyn mae o'n ei ddweud a'i fod o'n credu mai dyma mae'r rhan fwyaf o'r Bafariaid am ei glywed.'

Daw'r newyddion i ben ac mae Scott McKenzie yn mynd i San Francisco â blodau yn ei wallt.

Roeddwn i'n bump ar hugain yn cyrraedd Ardal Bae San Francisco ar ôl i mi dderbyn ysgoloriaeth Cyngor Eglwysi'r Byd i fynychu'r GTU (y Graduate Theological Union yn Berkeley). Roedd yr ysgoloriaeth, gan y Pacific School of Religion (PSR), yn talu am diwtora a chostau byw am flwyddyn ac yn gyfle i ymchwilio a myfyrio yn ddiwinyddol ar y profiad lesbiaidd a hoyw o'r eglwys, a sut roedd y gwahanol eglwysi yn y rhan honno o Ogledd Califfornia – a oedd eisoes yn 'feca i hoywon' – yn ymateb i lesbiaid a dynion hoyw.

Roedd fy nealltwriaeth ohonof fy hun fel dyn hoyw wedi aeddfedu. Roeddwn wedi cyfarfod llawer o ddynion hoyw a oedd 'allan ac yn falch' ac a oedd yn byw bywydau hapus, defnyddiol, creadigol. Trwy'r mudiad cymharol newydd y Gay Christian Movement (a ddaeth lawer yn ddiweddarach yn Lesbian and Gay Christian Movement) deuthum i ddeall sut roedd posib cymodloni bod yn hoyw â Christnogaeth – ac roeddwn wedi dod i dderbyn fy mod wedi fy nghreu ar lun Duw; hunaniaeth a oedd â chyfrifoldeb ynghlwm â hi (er fy mod yn dal i geisio dehongli'r print mân). Daeth y Parchedig Jim Cotter, un o sylfaenwyr y mudiad hwnnw, yn gyfaill oes hyd ei farwolaeth yn 2014, a byddaf yn ddiolchgar am byth am ei ddoethineb. Ond mewn rhannau mawr o'm bywyd bob dydd roeddwn yn dal i guddio'r ffaith fy mod yn hoyw, yn aros 'yn y closet' – yn ofni, hyd yn oed, y byddai rhai pobl yn 'ffindio allan' ac yn fy ngwrthod . . . ac yn rhywiol, roeddwn wedi fy nhorri. Nid oedd therapi anghymell sioc drydanol y Dr D A Jones wedi gwella fy 'nhueddiadau gwyrdroëdig' a fy ngwneud yn 'normal', ond roedd wedi bod yn llwyddiannus iawn yn gwyrdroi fy awydd rhywiol, ac mewn sefyllfaoedd rhywiol roeddwn yn cael ôl-fflachiadau i'r siociau hynny a dderbyniais ym misoedd cynnar 1975. Roeddwn wedi cael carwriaethau byrhoedlog, a hyd yn oed berthynas am flwyddyn gyda Bob Harney, darlithydd yng Ngholeg Prifysgol Aberystwyth, ond roedd fy ansicrwydd rhywiol yn llyffethair ar fy mywyd rhywiol a chredwn y byddai'n lladd unrhyw obaith o ddarganfod cymar. Roedd hyd yn oed mastyrbio – mi oeddwn i wedi gwneud ymgais ymwybodol i beidio meddwl amdano fel *self-abuse* – yn cael ei lygru gan atgofion o'r driniaeth sioc drydanol; roedd diweirdeb, rhywbeth roeddwn yn canolbwyntio arno wrth weddïo, yn ddewis yr oeddwn wedi bod yn ei ystyried o ddifri ers dwy neu dair blynedd. Am wn i fod y dyn a gyrhaeddodd Galiffornia ddiwedd Awst 1981 ar fin ymrwymo i asgetigiaeth – hyd yn oed bywyd mewn cymuned grefyddol efallai, ac yn sicr ddim yn debygol o wisgo blodau yn ei wallt cwta a mynd i chwilio am gariad rhydd.

Roedd wythnos ymgyfarwyddo y Pacific School of Religion (PSR) – y coleg diwinyddol eciwmenaidd lle roeddwn yn fyfyriwr – yn torri'r ias ac yn cynorthwyo'r dosbarth newydd, myfyrwyr hŷn yn bennaf a phobl a oedd wedi dod o bob rhan o'r Unol Daleithiau a'r byd, i setlo, dod yn rhan o'r lle a dod i wybod mwy am fywyd yn Berkeley. Onid oedd gan Berkeley enw ar draws y byd fel nythfa protest ac odrwydd? Fe wnaeth lawer hefyd i esbonio'r cawl llythrennau o acronymau oedd i'w cael ar yr hyn a elwid yr Holy Hill. Yno roedd holl golegau diwinyddol y Graduate Theological Union yn cael eu hadnabod wrth eu priflythrennau . . . CDSP (y Church Divinity School of the Pacific – Anglicanaidd), PLTS (y Pacific Lutheran Theological Seminary), ABSW (yr American Baptist Seminary of the West), JSTB (y Jesuit School of Theology at Berkeley) – a llawer mwy! Roedd y dosbarthiadau yn holl golegau'r GTU yn agored i unrhyw fyfyriwr a oedd wedi cofrestru yn un o'r colegau unigol, a golygai hyn fod yr addysg grefyddol oedd ar gael yn pontio'r rhychwant rhwng efengyleiddiaeth geidwadol a'r rhyddfrydiaeth eithaf. Roedd dau fore yn ystod yr wythnos honno wedi'u neilltuo i'n helpu ni, y myfyrwyr newydd, i ddeall y drefn gofrestru ar gyfer dosbarthiadau ar draws y GTU a sicrhau bod y rhai oedd yn mynd i gael eu hordeinio'n bodloni gofynion eu henwadau.

Ar brynhawn olaf yr wythnos ymgyfarwyddo roeddem yng nghapel y coleg ar gyfer gwasanaeth croeso ac ymgysegru i'r dasg o'n blaenau – astudio a myfyrio diwinyddol. Cafwyd ychydig sylwadau cychwynnol gan Ddeon y Myfyrwyr, y Parchedig Barbara Roche, a chyflwynodd ychydig ystadegau am ddemograffeg y dosbarth newydd: hyn a hyn o Fethodistiaid, cynnydd o hanner cant y cant yn y myfyrwyr duon, wyth o ferched Catholig Rhufeinig y gwrthodwyd eu derbyn gan unrhyw un o golegau diwinyddol yr Eglwys Gatholig, y myfyriwr hynaf yn 68 – yr ieuengaf yn 23, pump o fyfyrwyr rhyngwladol '. . . gan gynnwys Ysgolor Cyngor Eglwysi'r Byd ar gyfer eleni, John Sam Jones o Gymru – dyn agored hoyw sydd wedi dod i ddysgu am weinidogaeth gyda'n brodyr a'n chwiorydd lesbiaidd a hoyw; mae'n un o'r chwe myfyriwr agored hoyw yr ydym yn eu croesawu yr hydref hwn.'

Be? Oedd hi newydd ddweud wrth y byd i gyd fy mod i'n hoyw?

Erbyn diwedd y gwasanaeth roedd y storm fewnol a grëwyd gan ddatguddiad cyhoeddus Barbara Roche ynglŷn â fy rhywioldeb wedi tawelu. Beth bynnag oedd ei chymhelliad, roedd wedi cynnig cyfle i mi ddarganfod ffordd newydd o fyw fy mywyd heb gelu dim a heb ofni cael fy ngwrthod. Roedd yna bosibilrwydd i mi afael ym mwlyn drws y cwpwrdd hwnnw a oedd wedi bod mor gyfleus i ddianc iddo pan oedd herio rhagfarn a chamddealltwriaeth yn rhy arswydus i'w amgyffred, gafael yn y bwlyn a thaflu'r drws yn agored led y pen unwaith ac am byth. Roedd hi hyd yn oed yn cynnig y posibilrwydd o ddarganfod goriadau ar gyfer y drysau hynny oedd yn dal ar glo yn fy enaid. Roedd Barbara Roche wedi cynnig her – bod rhaid ymwneud o hyn ymlaen efo John Sam Jones, y dyn agored hoyw.

Ni chefais gyfle i sgwrsio gyda hi yn syth ar ôl y gwasanaeth, ond yn nes ymlaen, yn y derbyniad caws a gwin 'cyfarfod-yr-adran', diolchais iddi.

'Croeso i Berkeley,' dywedodd. 'Croeso i'r Pacific School of Religion . . . os na fedri di fod yn chdi dy hun yma mi ydan ni'n bradychu'r Efengyl. Dos i ddarllen Eirenaios: "Gogoniant Duw yw'r bod dynol sydd yn gyfan gwbl fyw", nid y fenyw sy'n credu bod rhaid iddi guddio rhan o'i natur oherwydd bod y traddodiad patri archaidd wedi methu ymddiried yng nghreadigaeth Duw ac wedi'i chamddehongli, na'r dyn sydd yn ddall i amrywiaeth y natur ddynol a grëwyd gan Dduw.'

Dw i'n cofio i mi feddwl ei bod ychydig ormod o ddifri, hyd yn oed braidd yn 'bezerkeley' (y ffordd lednais gyffredin o ddisgrifio pobl wallgof Berkeley), ond wrth wrando arni atgoffwyd fi am rywbeth ddywedodd Huw Wynne Griffith, gweinidog Seilo Aberystwyth, wrthyf yn y dyddiau tywyll hynny ar ôl i mi drio gwneud amdanaf fy hun. Wrth erchwyn fy ngwely yn Ysbyty Bronglais gafaelodd yn fy llaw. Wyddai o ddim am y pornograffi a'r driniaeth sioc drydanol, na sut y sylweddolais fod camdriniaeth y Dr D A Jones wedi fy ngwthio dros y dibyn, ond fe wyddai ddigon. 'Tydi'r label mae cymdeithas yn ei roi arnat, John, ddim mor bwysig â sut wyt ti'n dewis byw dy fywyd,' meddai Huw. 'Dwyt ti ddim yn cael dy ddiffinio gan label. Mae Duw am i bob un ohonom fod y person gorau y gallwn ni fod . . . ac os wyt ti'n hoyw . . . os ydi hynny'n rhan o'r hyn wyt ti, yna mae'n rhaid i ti ofyn be mae'n olygu i chdi i fod y dyn hoyw gora medri di. Rhywbeth i chdi a Duw ei weithio allan ar y cyd ydi hynny.'

Roedd y Dr Cindy Coleman wedi gwasanaethu fel offeiriad ordeiniedig yn yr Eglwys Lutheraidd, ond ar ôl dod allan fel lesbian – a cholli ei gŵr a'i 'henw da' yn yr eglwys – roedd wedi symud tua'r gorllewin i Galiffornia a hyfforddi fel seicotherapydd, gan arbenigo mewn materion yn ymwneud â rhywioldeb. Cyfarfûm â hi gyntaf mewn swper 'pot-luck' ar y campws a chawsom sgwrs sydyn dros *guacamole* a chreision corn, ac yna, ychydig ddyddiau wedyn, fe'i gwelais yn y siop goffi ar Euclid Avenue a chael mwy o gyfle i siarad. Esboniodd fod ei graddfa ffioedd yn amrywio a daeth y ddau ohonom i ddealltwriaeth. Doeddwn i ddim yn pryderu fy mod i'n rhuthro i mewn i rywbeth 'Berkeley-wacky'; roedd gen i un flwyddyn o fy mlaen yng Nghaliffornia – un cyfle mewn lle newydd i ddiosg yr hen groen . . . er fy mod i'n hollol ymwybodol bod fy mhroblemau yn mynd yn ddyfnach na'r croen! Roedd yr aelodau staff a'r myfyrwyr roeddwn i wedi sgwrsio â hwy yn ymwybodol o'r gwaith roedd Cindy Coleman wedi'i wneud ac yn ei chanmol ... ac mi oeddwn i wedi cael gwaith yng nghegin y coleg, a'r cyflog yn ychwanegu at fy mwrsari, felly gallwn fforddio ei thalu. Roeddwn am fyw yn rhywle heblaw'r cysgodion.

Bûm yn cyfarfod efo Cindy bob wythnos am 'awr hanner-can-munud' trwy gydol fy milwyddyn gyntaf yng Nghaliffornia – blwyddyn pryd y bûm hefyd yn ymgodymu â'm teimladau ynglŷn â'r alwad i weinidogaethu. Ar ôl penderfynu ymuno â rhaglen meistr mewn diwinyddiaeth fugeiliol a thalu fy hun am ddwy flynedd arall yn PSR, daliais ati i'w gweld am y rhan fwyaf o'm hail flwyddyn. 'Dad-ddysgu' oedd ei disgrifiad o ran o'n proses; dad-ddysgu'r hyn yr oeddwn i wedi'i gymryd yn ganiataol o ganlyniad i ddistawrwydd fy rhieni ynglŷn â rhyw ... dad-ddysgu'r cywilydd a'r gwarth yr oedd awdur *Approaching Munhood* a newyddiadurwyr y *Guardian* wedi fy mherswadio y byddwn yn ei deimlo . . . dad-ddysgu'r teimlad o israddoldeb yr oedd blynyddoedd o fwlio wedi'i feithrin . . . dad-ddysgu bod bod yn hoyw yn fy ngwneud yn fudr, yn bechadurus ac yn llygredig. Treuliasom rai misoedd yn ystyried thema maddeuant; maddau i'r seiciatrydd â'i fys ar swits y bocs siocio . . . maddau i'r treisiwr . . . maddau i mi fy hun am geisio llofruddio fy hun. Peth arall a wnaethom oedd edrych trwy sawl pâr o sbectol gwahanol liwiau – oherwydd mae'r ffordd rydym yn gweld y byd yn effeithio ar ein hymateb i'r byd hwnnw: arweiniodd Cindy fi i feddwl ar hyd y trywydd hwn am wythnosau lawer – y gall y lliw yng ngwydr y sbectol ein cynorthwyo i weld y mân wahaniaethau mewn sefyllfa, ac felly ein cynorthwyo i ymateb yn wahanol i'r ffordd y byddem wedi'i wneud wrth edrych am y tro cyntaf trwy wydr clir.

Yn sgil ei hyfforddiant diwinyddol ei hun, awgrymodd Cindy lyfrau y credai y byddent yn cynnal fy nhwf. Ymysg yr holl deitlau a awgrymodd mae tair cyfrol, ac ôl darllen arnynt, yn dal ar fy silffoedd hyd heddiw – *The Wounded Healer* gan Henri Nouwen, *Suffering* gan Dorothee Sölle a *Man's Search for Meaning* gan Viktor Frankl. Efallai fy mod yn gorsymleiddio pethau, ond cynhorthwyodd Nouwen fi i ddeall sut y gall hyd yn oed y clwyfau dyfnaf gael eu trawsnewid yn ffynonellau trugaredd. Perswadiodd Sölle fi fod 'petha cachu'n digwydd weithia' – dw i'n aralleirio – a phan mae digwyddiadau anodd bywyd yn ein taflu oddi ar ein hechel bod gennym rywfaint o ddewis ynglŷn â sut yr ydym yn ymateb; yn yr ystyr ein bod yn dewis sut i ddioddef anffawd – rhai â'u cwpan yn hanner gwag, eraill â'u cwpan yn hanner llawn. A Frankl? Efallai mai ei lais ef oedd gliriaf i mi yn y dyddiau hynny ar ôl i mi geisio gwneud amdanaf fy hun, gan fy nghynorthwyo ar y daith barhaus i fyw bob dydd gan chwilio am ystyr i'm bywyd – fel Cymro . . . fel dyn hoyw . . . fel Cristion . . . fel alltud . . . a chan ymdrechu i fod y gorau y gallwn fod.

Trwy gydol fy amser yn Berkeley roedd gen i amserlen lawn o ddosbarthiadau bob tymor a dewisais ddosbarthiadau ychwanegol i'w mynychu yn ystod gwyliau'r haf a'r gaeaf – felly am dair blynedd roeddwn yn y dosbarth hanner can wythnos y flwyddyn. Roedd yn waith trwm yn academaidd, ond doedd gen i ddim angen profi i mi fy hun fy mod i'n fyfyriwr dosbarth A, er bod rhaid i mi ddangos rhywfaint o ragoriaeth academaidd. Gan fod yna wastad ddewis i gymryd dosbarth ar sail pasio neu fethu, dewisais, ar ddechrau pob tymor, un yn unig o'r cyrsiau ar gyfer cael fy ngraddio amdano – fel arfer pwnc 'craidd' megis Diwinyddiaeth Gyfundrefnol, Hanes yr Eglwys, a'r Testament Newydd. Pan raddiais gyda gradd meistr mewn diwinyddiaeth yn haf 1984, dangosai'r gwaith papur fy mod wedi derbyn un radd 'A' ym mhob sesiwn academaidd a phasio llwyth o gyrsiau.

Nid oedd y gwaith yn y gegin – golchi llestri a glanhau ar y cyfan yn y flwyddyn gyntaf, ac yna dyrchafiad i fod yn gogydd brecwast yn yr ail flwyddyn – yn rhoi digon o gyflog i fy nghadw ar ôl i'm hysgoloriaeth ddod i ben. Bu fy mrawd Tony, oedd erbyn hynny'n llawfeddyg orthopedig yn Lerpwl, yn hael ei gefnogaeth, fel y bu fy rhieni, Terry a Megan – ond roeddwn bob tro'n teimlo'n annifyr yn gofyn iddynt am arian. Yn wir, roedd adegau pan edrychai fel pe bai'n rhaid i'r holl antur yng Nghaliffornia ddod i ben oherwydd diffyg arian. Ond ddwywaith daeth noddwyr dienw i'r adwy. Talwyd fy ffioedd dysgu ar gyfer y drydedd flwyddyn (wedyn y darganfûm hyn) gan Joe Santoyo – banciwr – a Richard Bates – gweinidog ordeiniedig cyn iddo ddod allan – cwpl hoyw o'r Bethany United Methodist Church yn San Francisco. Hon oedd yr eglwys lle bûm yn weinidog cynorthwyol rhan-amser er mwyn ateb gofynion gwaith maes y cwrs. Byddai'n fwy na deng mlynedd ar hugain cyn i Audrey Ward, un o fy nghyd-fyfyrwyr yn y coleg, ddatgelu mai hi a'i gŵr Bob dalodd fy ffioedd dysgu ar gyfer yr ail flwyddyn. Roedd y fath haelioni yn gwneud i mi deimlo'n wylaidd . . . ond ar yr un pryd roeddwn hefyd yn ei gydnabod fel arwydd bod fy nhaith yn un ddilys.

Ychydig ar ôl y Nadolig ym 1982, yn ystod fy ail flwyddyn yn y coleg, syrthiais mewn cariad efo Michael Wyatt. Roedd o'n fyfyriwr trydedd flwyddyn yn y coleg esgobol – y Church Divinity School of the Pacific. Roedd eisoes yn ddiacon wedi'i ordeinio, ac ar y llwybr i fod yn offeiriad, ac fe syrthiodd yntau mewn cariad efo finnau. Doedd yna ddim ôl-fflachiadau i'r driniaeth drydan yn seilam Dinbych; dim arlliw o gywilydd, ing nac euog-rwydd. Roeddwn yn chwech ar hugain, ac am y tro cyntaf profais felyster cariad rhamantus a dysgais am lawenydd agosatrwydd rhywiol. Roeddwn yn mwynhau rhyw – ei fwynhau'n arw – ac nid oedd diweirdeb, yr alwad aruchel, bellach yn ddewis. Ysgrifennodd Michael gerddi i mi, a gosod rhai o fy hoff gerddi gan Dylan Thomas i gerddoriaeth – roedd yn bianydd, yn organydd ac yn gyfansoddwr dawnus. Roedd yn ddiwylliedig, wedi darllen yn eang, yn ieithydd – gan iddo fyw yn Ewrop a De America – ac yn caru byd y ddrama. Dyn y Dadeni, mae'n siŵr, ac yn naw ar hugain oed roedd hefyd yn alcoholig. Yn ystod deunaw mis ein perthynas ni welais ef yn chwil erioed. Ni fu unrhyw ffraeo rhyngom. Bu llawer o chwerthin. Wnaethon ni ddim siomi'n gilydd erioed. Roedd y ddau ohonom yn gwybod mai byr fyddai'n hamser efo'n gilydd ac fe wnaethom ei fyw i'w eithaf sanctaidd.

Hedfanodd fy rhieni i Galiffornia ar gyfer y seremoni

raddio. Roeddwn yn hapus eu bod wedi penderfynu dod; yn ystod deg diwrnod eu hymweliad byddai cyfle iddynt gael ymdeimlad o'm bywyd yng Nghaliffornia ac efallai y byddwn innau'n dod i'w hadnabod nhw ychydig yn well. Aethom i weld y golygfeydd – mae gan Ogledd Califfornia gymaint i'w gynnig i'r ymwelydd ac mae San Francisco yn ddinas hardd. Y tu hwnt i bob troad, a heb orfod gwneud fawr o ymdrech, mae yna rywbeth diddorol i'w weld, rhywbeth i godi gwên, hyd yn oed rhywbeth sydd yn eich syfrdanu. Aethom i yfed coctels yn y Top of the Mark . . . cerdded ar draws y Golden Gate Bridge a hyd yn oed crwydro trwy'r coed secwoia anferth yng Nghoed Muir. Ond roedd gweld dynion yn cydgerdded law yn llaw ar Castro Street yn eu styrbio, a phan wnes i esbonio y byddai'n rhaid iddynt ddiddanu eu hunain un prynhawn gan fy mod i'n mynd i ymweld â'r dynion ifanc roeddwn wedi dod yn ffrindiau â hwy ar ward AIDS Ysbyty Gyffredinol San Francisco pan oeddwn yn ymweld â Bill, yr organydd o Bethany – a oedd wedi marw ychydig wythnosau ynghynt – dechreuodd Terry bregethu am y pla hoyw a sut roedd yn cael ei ledu gan ddynion afiach yn ymddwyn fel anifeiliaid. 'Dyna sy'n digwydd i ddynion "felna",' meddai.

'Dynion fatha fi, ti'n feddwl?' gofynnais, mor dawel ac anfygythiol ag y gallwn.

'Felly wnaeth Dafydd Alun Jones ddim dy fendio di?' dywedodd, â siom yn ei lais.

'Paid â dechra ar hyn, Terry,' meddai Megan.

Wnes i ddim ymateb. Roedd fy nealltwriaeth ohonof fy hun wedi datblygu cymaint, ac roeddwn mor bell o'u dealltwriaeth hwythau o bwy oedd eu mab . . . a phwy roedd eu mab wedi tyfu i fod erbyn hyn. A chofiais hefyd, yn ddiolchgar, fod Terry wedi gwrthod cais Dafydd Alun Jones i arwyddo'r dogfennau a fyddai wedi fy nghaethiwo, ar 'section', yn hen seilam Dinbych . . . Cofiais ei eiriau wrth Dr Jones, 'Beth bynnag arall ydi o, tydi fy mab i ddim yn wallgof.'

9
Un Glain, Un Corff

Nid yw offeiriad Catholig Rhufeinig Effeld, Herr Pastor Thomas Wieners, yn fodlon cynnig cymun i mi. Fe gyrhaeddodd yn gynnar i drafod y trefniadau ar gyfer angladd Ernst-Peter a thra oeddem yn aros i Jupp a'i fam gyrraedd o dŷ ei chwaer, cafodd y ddau ohonom sgwrs dros baned. Dywedais rywfaint o'm hanes wrtho; esboniais sut y bu cymaint o'm haddysg ddiwinyddol yn Berkeley gyda'r Dominiciaid, y Jeswitiaid a'r Brodyr Llwydion – ond roeddwn yn ofalus i beidio crybwyll Rosemary Radford Ruether na Hans Küng, dau a oedd wedi peri gofid i'r Fatican. Mae Saesneg Thomas Wieners yn well na'm Halmaeneg i, ac mae'n hoff o siarad Saesneg, yn gysáct a rhugl iawn – felly wnes i ddim camddeall ei anfodlonrwydd i wahodd un nad oedd yn aelod o Eglwys Rufain i rannu yn yr Ewcharist.

'Pe baech wedi dewis peidio dweud wrtha i eich bod yn Brotestant fyddwn i ddim callach ac fe fyddai wedi bod yn bosib i chi dderbyn cymun,' meddai.

'Ond petawn i heb ddweud wrthych, fe fyddwn i wedi gorfod cario'r baich o dwyllo trwy hepgor gwybodaeth, ac efallai, yn y diwedd, eich rhoi yn y sefyllfa lle y byddai'n rhaid i chi ddod i ddweud wrthyf eich bod wedi clywed nad Catholig mohonof . . . pentref bach ydi hwn ac mae pobl yn siarad.'

Roedd yn ddistaw am funud neu ddau. Gan nad oeddwn yn ei adnabod, roedd hi'n anodd i mi ddehongli ei ymateb ac roeddwn mewn penbleth am ychydig – ond yna fe ddywedodd, 'Dw i'n ddiolchgar eich bod yn gallu dangos ffasiwn sensitifrwydd bugeiliol tuag ataf... wrth gwrs, pan ddowch at reiliau'r allor mi wna i gynnig bendith.'

Yn y misoedd ar ôl i mi gael fy nhywys oddi wrth hunanladdiad treuliais lawer o amser gyda Huw a Mair Wynne Griffith yn Aberystwyth. Eu cariad a'r modd roeddynt yn derbyn yn ddiamod yr hyn oedd yn wahanol amdanaf oedd yr angor a ddaliai'n gadarn ar adeg pan mai'r unig beth y medrwn obeithio amdano oedd gallu dal ati trwy'r ychydig oriau nesaf. Ac felly llwyddais i 'ddal ati' am ddyddiau, a'r dyddiau hynny'n troi'n wythnosau, a'r wythnosau'n fisoedd. Weithiau byddai Huw yn cynnig llyfr roedd wedi'i ddarllen i mi – *Is the Homosexual my Neighbour?* gan Mollenkott a Scanzoni . . . *Time for Consent* gan Norman Pittenger – a byddai Mair yn aberthu dyddiau ar eu hyd i wneud dim mwy nag eistedd efo fi; 'y daith ydi adra,' byddai'n dweud, 'ac weithiau, pan mae pethau'n anghyfforddus neu pan 'dan ni'n teimlo ar goll, mae angen cwmni ar y daith honno.'

Roedd hi'n hoff o chwarae casét o lafarganu roedd un o'i merched wedi dod ag o adref efo hi o Taizé, cymuned fynachaidd yn Ffrainc a oedd, ers cryn amser, wedi denu pobl ifanc o Ewrop a Gogledd America oherwydd ei symlrwydd cynhwysol. Roeddwn yn arbennig o hoff o 'Ubi Caritas, et amor, Deus ibi est' – lle bo graslonrwydd a chariad, yno y mae Duw – a chredaf fod gwrando ar y brodyr o Taizé yn llafarganu nid yn unig wedi tawelu fy meddwl cythryblus ond hefyd wedi gwneud fy synhwyrau yn agored i fyfyrdod a gweddi. Tra oeddwn ar ymweliad â Lerpwl i aros gyda fy mrawd Tony, prynais ddwy neu dair LP o gantorion Taizé o'r siop lyfrau Gatholig ar Bold Street. Llafarganais ar y cyd efo cymuned Taizé bron bob dydd yn ystod fy nghyfnod fel myfyriwr israddedig. Roedd Leah Owen a Delwyn Siôn hefyd yn rhan o'r trac sain, ac yn fy annog i aros yn ffyddlon i fy ngwreiddiau pa lwybr bynnag fyddwn arno wrth ddarganfod fy hunaniaeth.

Am ddwy flynedd cyn i mi fynd i Berkeley bûm yn gweithio i Fudiad Cristnogol y Myfyrwyr (yr SCM), gan ddilyn Philip Roderick fel yr Ysgrifennydd dros Gymru. Er bod fy swyddfa yn nhŷ cymunedol yr SCM yn Aberystwyth, fy ngwaith i oedd teithio ledled Cymru i golegau a phrifysgolion yn cynnig cefnogaeth i grwpiau enwadol, a cheisio hybu grwpiau newydd o fyfyrwyr a oedd yn fodlon herio deongliadau o'r Efengyl a oedd yn draddodiadol ac yn aml yn ffwndamentalaidd. Roeddwn hefyd yn archwilio ym mha ffyrdd y gallai'r ffydd Gristnogol fod yn gatalydd i weithredu cymdeithasol a gwleidyddol – yn CND, yn yr ymgyrch gwrth-apartheid ac ym meysydd ffeministiaeth, gwleidyddiaeth rhywioldeb a hyd yn oed gwleidyddiaeth plaid. Tyfodd fy nealltwriaeth o'm ffydd yn sylweddol yn ystod y blynyddoedd hynny yn gweithio i'r SCM, ac mae gen i ddyled fawr i'm cyd-weithwyr, yn enwedig Heather, Derek, Caroline, Barry a Judith, am eu cyfeillgarwch a'u hesiampl. Aeth Heather Walton yn academydd ac mae ar hyn o bryd yn Athro Diwinyddiaeth ac Ymarfer Creadigol ym Mhrifysgol Glasgow. Yn dilyn gyrfa hir mewn llywodraeth leol, mae Derek Whyte heddiw'n Brif Weithredwr Cynorthwyol gyda Chyngor Preston. Aeth Caroline Smith i weithio fel Gweithiwr Achos Mewnfudo yn un o'r ardaloedd mwyaf amrywiol yng nghanol Llundain ac mae ei chasgliad diweddar o gerddi, *The Immigration Handbook*, yn gofnod trawiadol o'i gwaith dros lawer o flynyddoedd. Bu Barry Gardiner yn weithgar ym maes gwleidyddiaeth plaid am ddegawdau, gan gydweithio'n agos â Jeremy Corbyn a gwasanaethu yng Nghabinet yr Wrthblaid hyd fis Ebrill 2020. Bu Judith Maizel yn weinidog gyda'r Methodistiaid am dri deg a chwech o flynyddoedd, ac yn ystod y cyfnod hwnnw bu'n weithgar gyda'r elusen Housing Justice ac yn Ysgrifennydd Cyffredinol Cynorthwyol Eglwysi Ynghyd ym Mhrydain ac Iwerddon.

Y rhain hefyd oedd y blynyddoedd y dechreuais daith gydol oes i ddeall fy hun fel bod ysbrydol – wel, os ydi hi'n bosib deall ysbrydolrwydd. Roeddwn wedi byw yn Nhŷ SCM yn Aberystwyth yn ystod fy mlwyddyn olaf yn fyfyriwr israddedig, ac am ychydig flynyddoedd cyn i mi ymuno â staff yr SCM. Un ymrwymiad rheolaidd fel aelod o'r gymuned oedd coginio ar gyfer ein gilydd a bwyta gyda'n gilydd – a'r cogydd oedd bob tro yn gyfrifol am y weddi cyn y pryd, a allai fod yn ddim mwy na 'diolch am yr hyn sydd ar y platiau o'n blaenau'. Byddai Phil Roderick, a fu'n aelod o gymuned grefyddol am ychydig flynyddoedd cyn dod i Aberystwyth i astudio diwinyddiaeth, weithiau yn arwain y Foreol Weddi am wythnos, neu'n cynnig diwrnod tawel, mis o Hwyrol Weddi, neu brynhawn yn darllen y Salmau ac yna'n myfyrio ar yr hyn roeddem wedi'i ddarllen. Oherwydd natur amrywiol y digwyddiadau hyn ni theimlai neb unrhyw orfodaeth – gallai pob aelod o'r gymuned ymuno fel y mynnai ac elwa o'r profiad yn ôl angen yr unigolyn, neu ei wrthod heb godi gwrychyn neb.

Pan oeddem yn blant, roedd fy mam yn mynd â Tony a finnau i'r capel Cymraeg agosaf, Eglwys y Methodistiaid Calfinaidd. Nid oedd y ddiwinyddiaeth yn bwysig i Megan – yr iaith, gwisgo het, ac ymddangos yn barchus oedd y peth pwysig. Roeddem yn siarad Cymraeg a Saesneg yn y tŷ, ond unwaith y dechreuodd y teledu newydd yng nghornel y parlwr gynyddu dylanwad y Saesneg, teimlai y byddai mynychu capel ac ysgol Sul Gymraeg yn beth da i ni. Felly fy mhrofiad cynharaf o addoli oedd y frechdan emyn-gweddi-emyn, gyda gweddïau hirion byrfyfyr, a phregeth ugain munud (os oeddem yn lwcus a'r gweinidog ddim yn mynd i ormod o hwyl) . . . rhywbeth roedd raid i ni ei oddef a ninnau'n aflonydd ar y seti caled. Dim ond unwaith bob tri mis y caed Cymun – oherwydd ei fod yn ddigwyddiad rhy arbennig i'w gynnal yn amlach fel y gwnâi'r Catholigion a'r Anglicaniaid. A byddem yn ei wneud er mwyn cofio aberth Crist drosom – er dw i ddim yn siŵr a oeddwn i'n deall beth roedd hynny'n ei olygu; efallai fod un o'r pregethau hir wedi ceisio'i esbonio. Mi oeddwn i'n gwybod bod yna ffasiwn beth â litwrgi oherwydd mai Eglwyswr oedd fy nhad – nid ei fod wedi parhau i fynychu'r eglwys fel oedolyn. Yn ystod ambell ymweliad ag Eglwys Sant Ioan, y 'brif eglwys' ar y bryn uwchlaw Bermo (ymgais Fictoraidd i wthio Anglicaniaeth ar gymuned Gymraeg Anghydffurfiol), byddem ar goll braidd yn troi tudalennau'r llyfr gweddi, a'r ddefod yn anodd ei dilyn am ei bod yn anghyfarwydd, a'r geiriau'n ymddangos yn sanctaidd bell ac arallfydol.

Roedd y Foreol a'r Hwyrol Weddi gyda Phil Roderick ac aelodau eraill cymuned SCM yn agoriad llygad; roeddwn yn cael bod â rhan weithredol o rhywbeth yr oeddem yn ei wneud gyda'n gilydd . . . cofiaf Phil yn dweud mai ystyr litwrgi o fewn moliant yw 'gwaith y bobl'. Ac felly y daeth llafarganu Taizé, darllen y Beibl, darllen barddoniaeth a rhyddiaith, cysegredig a seciwlar, eistedd mewn tawelwch yn myfyrio ar yr hyn roeddwn wedi'i ddarllen ac yn achlysurol defnyddio'r Llyfr Gweddi Gyffredin, i gyd yn rhan o batrwm fy wythnos.

Ond roedd 'yr Eglwys', y peth hwnnw sydd wedi'i greu gan bobl ac sy'n rheoli ffydd a'i droi'n sefydliad, ac sy'n ein harwain ar hyd ffyrdd pengoll crefyddol, i mi'n rhywbeth diarth ac yn rhywbeth oedd yn fy nieithrio. Roeddwn yn amheus o'r croeso ar bob hysbysfwrdd y tu allan i bob capel ac eglwys – oherwydd fe wyddwn nad oedd i mi, fel dyn hoyw, unrhyw groeso . . . casgliad yr oeddwn wedi dod iddo yn dilyn y pregethau am uffern, y cyfarfodydd efo grwpiau caplaniaeth a grwpiau enwadol ledled Cymru, a'r drafodaeth o fewn Eglwys Loegr yn ystod y 1970au a ddaeth i ben gyda chyhoeddi ym 1978 adroddiad o'r enw *Homosexual Relationships* (a adnabyddir gan lawer fel Adroddiad Caerloyw). Gan ei fod yn ymdrin â chariad cyfunrhywiol o safbwynt bugeiliol a moesol roedd Adroddiad Caerloyw yn mynd ymhellach nag adroddiadau Anglicanaidd blaenorol, a oedd yn ymdrin yn bennaf â statws cyfreithiol pobl gyfunrhywiol. Gofynnai oni allai perthnasau cyfun-rhywiol, mewn rhai achosion ond nid pob un o bell ffordd, fod yn fynegiant o gariad rhwng pobl fel yn achos unrhyw berthynas arall? Fy atcb i oedd 'wrth gwrs' – er, ar y pryd roedd hynny'n mynegi gobaith yn fwy na phrofiad bywyd. Ymatebodd efengyleiddwyr ceidwadol Prydain yn wawdlyd ac uchel eu cloch i'r posibilrwydd y gallai pobl hoyw ffurfio perthynas gariadus a chladdwyd *Homosexual Relationships*. Ceisiais fy ngorau i ddal gafael ar y sicrwydd bod yna bobl o fewn 'yr Eglwys' – pobl fel Huw a Mair yn Aberystwyth – a oedd â chydymdeimlad â sefyllfa Cristnogion hoyw, ond f'ymateb i'r negyddiaeth a amlygwyd oedd gwadu'r Eglwys a'i gweld fel sefydliad dynol ffaeledig y gallwn fyw hebddo. Rhoddais y gorau i fynychu'r eglwys a rhoddais y gorau i dderbyn y Cymun – fel gweithred ymwybodol o ymwrthodiad . . . ond ar yr un pryd cryfhau wnaeth fy nisgyblaeth ysbrydol bersonol.

Rywbryd yn ystod 1979 neu 1980, pan oeddwn ar ymweliad â Chaplaniaeth Anglicanaidd Coleg y Brifysgol ym Mangor (yn rhinwedd fy swydd fel Ysgrifennydd Cymru Mudiad Cristnogol y Myfyrwyr), gofynnodd y caplan, Barry Morgan, gŵr yr oeddwn wedi dod i'w adnabod yn ystod ymweliadau blaenorol, pam nad oeddwn wedi dod ymlaen i dderbyn y Cymun. Dywedais wrtho nad oeddwn, fel dyn hoyw, yn teimlo bod croeso i mi wrth y bwrdd, felly pam y dylwn rannu bara mewn cwmni anghyfeillgar? Mae hynny ddeugain mlynedd yn ôl bellach, ac ni allaf fentro crynhoi ymateb Barry. Rwy'n cofio i ni sgwrsio bedair neu bum gwaith yn ystod cyfnod o flwyddyn, ac fe ymunodd y Chwaer Renate, o Gymuned yr Enw Sanctaidd, urdd o leianod Anglicanaidd, un a oedd yn gwasanaethu fel caplan cynorthwyol, â'r sgwrs unwaith. Trwy'r sgyrsiau hyn deuthum i ddeall bod hyd yn oed rhodd Crist ohono ef ei hun wedi cael ei wneud yn rhan o sefydliad . . . ond er hynny rhodd Crist ydoedd o hyd, nid rhywbeth a oedd yn eiddo i'r Eglwys. Felly, er mor bell roeddwn i'n teimlo oddi wrth y sefydliad, roedd yna'n dal wahoddiad i mi dderbyn yr hyn yr oedd gan Grist i'w gynnig. Gofynnodd Renate a oeddwn yn gallu uniaethu â chorff Crist, gydag olion clwyfau arno, a heriodd Barry fi i feddwl am bresenoldeb Iesu yn y bara toredig.

Am sawl wythnos bûm yn myfyrio ar wasanaeth y Cymun yn y Llyfr Gweddi Gyffredin ac yn ystyried cwestiynau Barry a Renate. Yn ystod y cyfnod hwn, ar ymweliad byr â Tony a'i wraig newydd, Kath, yn Lerpwl, darganfûm Jeswitiaid Sant Louis. Roedd Pauline Books and Media, y siop lyfrau Gatholig ar Bold Street, wedi dod yn gyrchfan reolaidd pan fyddwn yn ymweld â'r ddinas, ac wrth i mi bori trwy'r silffoedd roedd un o'r chwiorydd wedi dewis cerddoriaeth gefndirol. Ac felly, am rai misoedd diorseddwyd llafarganu Taizé gan ganeuon sanctaidd John Foley, Bob Dufford, Tim Manion, Dan Schutte, Roc O'Connor a John Kavanaugh. Daeth 'One Bread, One Body' Foley yn gerddoriaeth gefndir i'm diwrnodau: *One bread, one body, one Lord of all, one cup of blessing which we bless. And we, though many, throughout the earth, we are one body in this one Lord.* Ac roedd cwestiwn uniongyrchol ac ysgytwol Renate yn plethu trwy'r geiriau hyn. *We are one body in this one Lord*; roedd delweddau o Grist ar y groes o'm dosbarthiadau hanes celf yn yr ysgol ac o ffenestri gwydr lliw eglwysi roeddwn wedi ymweld â hwy yn ymddangos bob yn ail â delweddau o dderbyn sioc drydanol yn Ninbych . . . o gael fy nhreisio mewn pabell ar Fegla Fawr . . . o gael fy ngwawdio a 'mwlio am flynyddoedd lawer am fod yn hoyw. Roeddwn yn gwybod beth oedd bod yn doredig, beth oedd profi clwyfau erledigaeth . . . ond beth felly ddylai fy ymateb fod?

Roedd cwestiwn Barry ynglŷn â phresenoldeb Crist yn y bara toredig yn creu penbleth i mi, ond bu fy chwil frydedd ynglŷn â'r cwestiwn, a'm rhwystredigaeth ynglŷn â'r ffaith nad oeddwn, mae'n ymddangos, yn gallu deall pwynt Renate am uniaethu â chorff clwyfedig Crist, yn gyfrifol am fy arwain yn ôl at Fwrdd y Cymun, gan gredu efallai y byddai fy nealltwriaeth yn datblygu wrth gyfranogi.

Rai blynyddoedd wedyn, ar yr Holy Hill yn Berkeley, roeddwn am un semester yn mynychu cwrs mewn Cristoleg – y rhan honno o ddiwinyddiaeth sydd yn ymwneud â natur ddynol a natur ddwyfol Iesu, ei farwolaeth a'i atgyfodiad. Buom am brynhawn cyfan yn trafod presenoldeb Iesu yn y weithred o dorri'r bara a thywallt y gwin, y ddefod a elwir yn Gymun. Cofiais am gwestiwn Barry . . . ac wrth i'r prynhawn fynd yn ei flaen deuthum i ddeall ei fod yn gwestiwn y mae credinwyr wedi bod yn dadlau amdano am ganrifoedd. A yw'r bara wir yn dod yn gorff Crist? Ai dim ond cynrychioli'i waed y mae'r gwin? Cyflwynwyd theorïau cymhleth a'u harchwilio ymhellach; trawsylweddiad, cydsylweddiad, 'realaeth wrthrychol, ond tawelwch defosiynol ynglŷn â materion technegol', coffaoliaeth. Wrth i ni fwyta pitsa ac yfed cwrw yn La Val's ar Euclid Avenue y noson honno bu trafod bywiog; roedd y Catholigion oedd yno wir yn credu bod y bara a'r gwin yn newid i fod yn Gorff, Gwaed, Enaid a Dwyfoldeb Crist mewn ffordd oedd y tu hwnt i ddealltwriaeth ddynol, ac eto, roedd y bara a'r gwin yn aros. Roedd yr Esgobyddion a'r Method-istiaid yn credu bod y bara a'r gwin yn y sacrament wir yn cael eu newid i fod yn gorff a gwaed Crist, ond nad oedd camau technegol y broses yn bwysig – doedd ond angen credu hynny. Dywedais fy mod i'n meddwl mai symbolau o gorff a gwaed Iesu oedd y bara a'r gwin, mai cofáu marwolaeth aberthol Crist oedd derbyn y Cymun, ac nad oedd Iesu Grist yn bresennol yn y sacrament, heblaw ym meddyliau a chalonnau'r cymunwyr.

Yn raddol deuthum i ddeall yr Ewcharist mewn ffordd a oedd rywsut yn cyfleu yn y weithred o dorri'r bara y modd roeddwn innau'n teimlo'n un â Iesu wedi'i ddryllio. Roeddwn yn gweld hynny fel her: daeth rhannu'r bara a'r gwin yn weithred chwyldroadol a chythryblus o gydnabod ein bod yn rhannu dynoliaeth gyffredin sydd, yn ei thro, yn galw ar bob un ohonom i ymateb i wyneb Crist ym mhob bod dynol . . . nid Iddew nac yn perthyn i unrhyw genedl arall, nid caeth na rhydd, nid gwryw na benyw . . . na hoyw . . . na mewnfudwr . . . na ffoadur . . . na jynci . . . na pherson traws. Mae'n gysyniad sy'n styrbio llawer o bobl – ein bod trwy'r sacrament hwn yn gorfod gweld 'yr holl rai gwrthun yr ydym yn gosod labeli arnynt i ddynodi eu bod yn wahanol i ni' fel rhai sydd yn deilwng o'n gofal a'n trugaredd – yn deilwng o'n cariad . . . hyd yn oed yn deilwng o le wrth y bwrdd.

Mae bod yr unig un sydd yn derbyn bendith gan Herr Pastor Wieners wrth reilen yr allor yn eglwys Effeld yn gwneud i mi deimlo'n arbennig – yn hytrach na gwneud i mi deimlo fel yr un od; mae hynny i raddau helaeth oherwydd y sbectol â gwydr lliw a ddarganfûm yn Berkeley gyda chymorth Dr Cindy Coleman. Ac mae yna eglwys Brotestannaidd ugain munud o daith o Effeld y gallaf ei mynychu pan deimlaf yr angen i gael fy atgoffa, trwy dderbyn Cymun, bod rhaid i mi weld wyneb Crist yn y Seehofers ac arweinwyr yr AfD, y Trumps, y Johnsons, a Putins y byd yma.

A Barry Morgan a'r Chwaer Renate? Bûm yn gohebu â Renate am oddeutu ugain mlynedd gan ganfod llawenydd, hiwmor a doethineb ym mhob un o'i llythyrau. Anaml y byddem yn cwrdd, ond cefais y fraint o ymweld â hi unwaith ym Mhalas Lambeth, lle roedd hi, wedi'i dewis gan Archesgob Caergaint, yn 'gweini-dogaethu trwy weddi'. Aeth Barry yn ei flaen i fod yn Esgob Bangor, ac wedyn, yn Esgob Llandaf, ac etholwyd ef i fod yn Archesgob Cymru, hyd ei ymddeoliad yn 2017.

10
Ferry Cross the Mersey

Mae Jupp yn adnabod Klaus a Marion ers bron i ddeugain mlynedd. Bob tro y byddem yn mynd i'r Almaen byddem yn creu amser i gael bod yn eu cwmni; efallai pryd gyda'r nos, tro yn y parc neu weithiau dim ond *Kaffee und Kuchen*. Ers i ni ddod i Effeld rydym wedi bod yn cyfarfod unwaith y mis i fynd i gerdded ym Mharc Cenedlaethol Meinweg, dros y ffin yn yr Iseldiroedd, ac i fwynhau hyfrydwch bwyd parod y wlad – *frikandel speciaal*, math o gi poeth gyda nionod amrwd, a thomen o sglodion gyda maionês a sos coch. Dyma ffefryn Jupp a Klaus, ond dw i ddim yn hoff o'r syniad o gig ceffyl. Mae Marion yn gwadd ei ffrind Marita i ymuno â ni, ac weithiau daw'r cŵn efo ni, ond maen nhw'n dechrau heneiddio a'u cymalau yn llai ystwyth ac awgrymodd Klaus, sy'n filfeddyg, eu bod efallai wedi cyrraedd yr oed pan mai 'tro byr yn aml' sydd orau iddynt yn hytrach na cherdded drwy'r dydd.

Yn aml yn y tir hwn ar y goror gwelir pethau i'n hatgoffa o'r Ail Ryfel Byd; weithiau maen cerfiedig syml ar ochr llwybr yn y goedwig neu bropelor awyren fomio Lancaster, wedi'i lusgo o gae corslyd a'i osod yng nghanol mynawyd y bugail coch ar ochr y ffordd; mewn rhai llefydd mae yna hyd yn oed blaciau ffurfiol – yn nodi manylion brwydr, dienyddiad torfol neu dim ond disgrifio'r amddiffynfeydd pridd sydd mor gyffredin yn y tirlun. Roeddem yn cerdded yn yr ardal goediog a elwir

Leudal. O fewn dim ond ychydig gilomedrau sgwâr o amgylch y pentrefi ar ochr y goedwig cwympodd dros ugain awyren, gan gynnwys Messerschmitts, Lancasters, Wellingtons a Spitfires, rhwng 1941 a 1945. Yn y darn bychan hwn o dir ar y ffin lladdwyd chwe chant wyth deg a saith o bobl o luoedd arfog un ar ddeg o wledydd ac ar ôl y rhyfel adeiladodd cymunedau'r goedwig Gofeb Goddefgarwch. Yn ystod y Rhyfel Byd Cyntaf, ac ar ôl y rhyfel, bu nain Jupp yn gweini gyda theulu o Iseldirwyr yn Roggel, un o'r pentrefi hyn; ac roedd Jupp wedi darllen am y gofeb wrth ymchwilio i'r cyfnod hwn yn hanes ei deulu. Mae'n waith gan y cerflunydd Thea Houben o Roggel ac yn hanner bwa efydd tua dau fetr o uchder wedi'i osod ar wely o gerrig llyfnion o afon Maas gerllaw, un garreg am bob un a laddwyd. Mae cwmwl o wylanod ar fan uchaf yr hanner bwa yn cynrychioli rhyddid a'r un ar ddeg cylch o gerrig palmant yn arwain at y cerflun yn cofnodi un ar ddeg cenedl y meirwon. Fe wnaethon ni ddarllen y plac – mewn Iseldireg, Almaeneg a Saesneg; pob un ohonom yn derbyn yr un wybodaeth ac yn sefyll yno'n myfyrio mewn distawrwydd . . . distawrwydd a oedd yn gwneud i mi deimlo'n anghyfforddus.

Aethom yn ein blaenau ar hyd y llwybr a finnau'n cofio sut, pan oeddem yn tyfu i fyny, roeddem yn cael ein rhybuddio i beidio sôn am y rhyfel os oedd Almaenwyr yn bresennol. Pryder fy mam oedd y byddem yn piwsio a thynnu ar y 'reffiwjîs' yn Hendre Hall, canolfan Menter Ockenden yn Bermo, llawer ohonynt o deuluoedd o Ddwyrain yr Almaen a oedd wedi gorfod gadael eu cartrefi wedi i'r ffiniau gael eu symud ar ôl y rhyfel wrth i'r Almaen gael ei gorfodi i ildio tir i Wlad Pwyl a'r Undeb Sofietaidd. Mae'n dal i'm synnu fy mod i fel Prydeiniwr yn byw yn yr Almaen yn teimlo'n anghyff-orddus pan grybwyllir y ddau Ryfel Byd. Rwyf hefyd yn synnu pa mor barod yw llawer o Almaenwyr i gydnabod troseddau rhyfel a gyflawnwyd yn enw eu rhieni neu eu neiniau a'u teidiau, ac rwy'n sylweddoli mai anaml iawn y gorfodwyd i mi, fel un a etifeddodd fuddugoliaeth, ystyried troseddau rhyfel y Prydeinwyr . . . ond hyd yn oed heddiw darganfyddir yn rheolaidd arfau heb ffrwydro yn dilyn y 'bomio blanced' a effeithiodd ar ddinasyddion cyffredin mewn dinasoedd ledled yr Almaen, a hynny'n peri i lawer orfod gadael eu cartrefi, weithiau am ddyddiau, tra bydd y criwiau sydd wastad wrth law i ddelio â'r bomiau yn gwneud eu gwaith.

Wrth i ni gerdded yn ein blaenau gallwn glywed Marion yn dweud wrth Marita amdani hi a Klaus yn ymweld â ni yn Lerpwl . . . y ddwy eglwys gadeiriol, Catholig ac Anglicanaidd, un bob pen i stryd o'r enw Hope. A boddwyd fy meddyliau gan Gerry and the Pacemakers yn croesi afon Mersi, cân a oedd wedi bod yn troelli yn fy mhen ers i mi ddeffro y bore hwnnw a hwythau'n canu ar WDR4.

Roedd dau ewyrth i fy nhad wedi priodi Sgowsars a byddai fy nain – plentyn i filwr o Sais a sipsi Romani a oedd wedi cartrefu ger y Drenewydd ac a weithiai ar y camlesi – yn aml yn mynd i aros gyda'i brawd Jim a'i wraig, Lizzie, ym Mhenbedw. Byddai diwrnod yn Lerpwl yn bleser blynyddol pan oeddem yn blant, o leia hyd nes i Dr Beeching ymosod ar y rheilffyrdd . . . ac yna roedd Tony wedi mynd i astudio meddygaeth yn Lerpwl.

Adeg honno roedd y ddinas, a ystyrid am gyfnod hir yn brifddinas gogledd Cymru gyda nifer sylweddol o siaradwyr Cymraeg yno, yn gyfarwydd a chartrefol, er gwaethaf y ffaith bod iddi enw o fod yn lle hegar.

O fewn mis i mi ddychwelyd i Gymru o Galiffornia, yn niwedd haf 1984, cefais gyfweliad am waith yn Lerpwl, a chefais gynnig y swydd. Dechreuais weithio fel Caplan Cymry'r Glannau ddechrau mis Hydref, menter newydd a oedd yn cael ei hariannu gan Fwrdd Cenhadaeth Gartref Eglwys Bresbyteraidd Cymru a Henaduriaeth Lerpwl yr enwad. Crëwyd y swydd i gynnig gofal bugeiliol yn Gymraeg a Saesneg i rai o Gymru a oedd yn Lerpwl ar gyfer triniaeth arbenigol mewn ysbyty, carcharorion o Gymru yng ngharchar Walton a myfyrwyr a oedd wedi croesi Clawdd Offa i astudio – a hefyd i gynnal gwasanaethau ddwywaith neu dair y mis yn y capeli Cymraeg a oedd yn dal i frwydro i gadw'u drysau'n agored. Gwelwyd bod angen y fath swydd yn niwedd y 1970au a dechrau'r 1980au wrth i sawl gweinidog yng nghapeli Cymraeg Lerpwl farw neu ymddeol; roeddynt hwy a'u rhagflaenwyr wedi gwneud y gwaith hwn ers mwy na chanrif ac nid oedd yn rhesymol nac yn ymarferol i'r un gweinidog oedd ar ôl barhau i gynnig gweinidogaeth mor eang.

Efallai y dylwn i fod wedi cymryd mwy o sylw o'r goleuadau coch oedd yn fflachio'n rhybuddiol yn fy meddwl yn ystod yr wythnosau cyntaf hynny yn Lerpwl. Yn wyth ar hugain oed – yn oedolyn a oedd yn ddigon hen i fod yn briod ac efo plant – nid oeddwn yn credu bod fy nghais am fflat un llofft yn afresymol, ond yr Henaduriaeth oedd yn talu fy rhent (ac roedd un aelod o'r Henaduriaeth yn landlord a datblygwr eiddo), felly yr hyn a gynigiwyd i mi pan gyrhaeddais Lerpwl oedd 'bed-sit' ar lawr isaf hen dŷ Fictoraidd. Roedd yna un tân nwy ar y wal a charped â staen amheus yn yr ystafell-fyw-a-chysgu, leino wedi cracio ar lawr y gegin foel ac yn yr ystafell ymolchi roedd bath efo staen, dysgl efo crac ynddi a lle chwech na welodd hylif glanhau ers dwn i ddim pryd: cwt chwain ar gyfer myfyriwr. Cefais ateb swta pan ofynnais droeon am fflat gydag un llofft: byddai'r Henaduriaeth yn edrych ar ddatblygiad y weinidogaeth newydd ac yn ystyried fy nghais ymhen y flwyddyn. Ni wnaeth cybydd-dod yr Henaduriaeth ddim i'm sicrhau bod ganddynt feddwl mawr ohonof. Treuliodd Tony, fy chwaer-yng-nghyfraith Kath a finnau benwythnos hir yn glanhau a pheintio, a thalais i gael y carped wedi'i lanhau'n broffesiynol, ond roedd y staen yn dal yno … rhan ohono wedi'i guddio gan y gwely soffa newydd. Gwnaeth Kath lenni i mi gyda'i pheiriant gwnïo trydan a chyfrannodd Tony uned o silffoedd pin – ac o edrych trwy un pâr o sbectol lliw roeddynt wedi fy helpu i greu cartref cyfforddus, os eithriadol o fach.

Ar fy more cyntaf yn y swydd cefais gyfarfod gyda Ben Rees, yr unig weinidog oedd ar ôl yn yr Henad-uriaeth. Roedd yn awyddus ein bod ni'n gweithio fel tîm a rhoddodd restr i mi o wasanaethau Sul, er mwyn ysgafnhau'r baich oedd arno fo, a cherdyn adnabod ysbyty'r Royal Liverpool – ac arno yn deitl ar gyfer fy swydd: 'Caplan Cynorthwyol'. Fflachiodd y goleuadau coch rybudd arall. Esboniais fod fy nisgrifiad swydd yn nodi sawl gwasanaeth Sul y byddwn yn eu cynnal ac mai teitl fy swydd oedd Caplan – nid cymhorthydd i neb. Ymateb Ben oedd bod rhaid i mi fod yn hyblyg – a daeth yn eglur i mi wrth i'r wythnosau fynd heibio mai diffiniad Ben o hyblyg oedd bod yn fodlon cyd-fynd efo'i ddymuniadau ef – wedi'r cyfan, roedd o wedi bod yn gweinidogaethu yn Lerpwl ers bron i ugain mlynedd. Er gwaethaf hyn, y peth rwy'n ei gofio fwyaf ynglŷn â Ben a Meinwen Rees yw eu caredigrwydd tuag ataf; roeddwn bob tro'n falch o ginio Sul Meinwen a oedd bob amser yn hynod flasus – ac roeddwn yn arbennig o ddiolchgar am eu croeso cynnes yn ystod misoedd y gaeaf pan fyddai patrymau rhew yn ffurfio ar du mewn gwydr ffenest fy nghegin i.

Ond y golau coch a oedd yn fflachio fwyaf llachar oedd yr un yn dynodi fy siom ynof fi fy hun. Wrth gwrs, nid oedd unrhyw un ar y panel oedd yn fy nghyfweld ar gyfer y swydd caplan wedi holi ynglŷn â fy rhywioldeb . . . ac wrth gwrs, fe wyddwn petawn wedi datgelu fy mod yn hoyw y byddai fy nghais am y swydd wedi'i ddiystyru'n syth. Roeddwn wedi dewis peidio cynnig gwybodaeth, a phetai'r ffaith yn dod yn wybyddus byddwn yn cael fy 'rhyddhau' o'm cytundeb dwy flynedd. Roeddwn wedi dewis mynd yn ôl i'r cwpwrdd hwnnw y bûm, am ychydig flynyddoedd yng Nghaliffornia, yn ei sgubo'n lân . . . felly roedd yna gyfrinach i'w chadw. Roedd yr ymdeimlad ohonof fi fy hun roeddwn wedi dod i'w ddeall gyda chymorth Cindy Coleman yn Berkeley, y rhyddid gwych hwnnw i fod yn fi fy hun, wedi'i fygu . . . wedi'i dagu. Roedd bywyd dwbl newydd wedi dechrau.

Yn fuan, cynyddodd momentwm fy ngwaith fel caplan. Roedd fy apwyntiad wedi cael cyhoeddusrwydd eang yn *Y Goleuad* ac roedd gweinidogion ar draws gogledd Cymru (ac weithiau ymhellach na hynny) yn gydwybodol ynglŷn â gadael i mi wybod am rai o'u haelodau oedd yn y coleg, yn yr ysbyty neu yn y carchar. Yn Ysbyty Clatterbridge, a oedd yn cynnig triniaeth canser i ardal eang, roedd hyd at ddwsin o bobl ar y tro o ogledd Cymru yn derbyn llawdriniaeth neu radiotherapi neu gemotherapi, a chan nad oedd yna garchar yng ngogledd Cymru ar y pryd roedd llawer o Gymry yn HMP Liverpool yn Walton. Felly, hyd yn oed ar ôl dim ond ychydig wythnosau yn y swydd, roedd digon o alw am fy ngwasanaeth, ac mi oeddwn wrth fy modd gyda'r gwaith yn yr ysbyty a'r carchar. Mae'n anrhydedd anghyffredin ac yn fraint fawr bod gyda rhywun . . . cydgerdded gyda rhywun . . . mewn gwaeledd neu mewn cell – gwrando yn bennaf, gafael llaw efallai. Weithiau roedd pobl eisiau siarad am nefoedd ac uffern, neu gariad Duw, neu hyd yn oed dicter Duw; roedd yn sioc i mi gymaint o bobl a gredai mai cosb oedd eu canser, eu hiechyd meddwl gwael, y ffaith eu bod yn dioddef o glwy'r marchogion, wlser yn y stumog, cerrig yn yr arennau neu drawiad ar y galon. Yn aml doedd dim diben ceisio eu perswadio fel arall . . . mae'r rhan fwyaf o bobl angen beio rhywun am eu hanffawd, ac mewn cymdeithas sydd ar y cyfan yn ôl-Gristnogol mae Duw yn fwch dihangol cystal â'r un. Ond, efallai er mwyn chwarae'n saff, roedd yna'n aml gais am weddi, ac mae adrodd Gweddi'r Arglwydd gydag un sydd wedi'i gael yn euog o lofruddio, neu adrodd hoff salm gyda rhywun nad oes gwellhad iddo – pethau sydd yn aml yn dod â chysur mewn sefyllfa felly – yn brofiad sy'n gwneud i rywun deimlo'n wylaidd. Roedd rhaid cloddio'n ddwfn i'm hadnoddau mewnol i allu cydymdeimlo'n barhaus ac roeddwn yn aml wedi gwir ymladd, yn arbennig ar ôl ymweld â'r carchar. Yn Berkeley, yn ystod lleoliad tri mis fel caplan llawn-amser mewn ysbyty, roeddwn wedi dod i ddeall a gwerthfawrogi pwysigrwydd addoli'n rheolaidd a chymryd rhan yn y litwrgi er mwyn cadw fy nghydbwysedd ac ailegnïo fy hun. Er gwaetha'r ffaith fy mod yn arwain gwasanaethau, tri Sul o bob pedwar yn aml, gwyddwn 'mod i angen dod o hyd i gymuned eglwysig lle byddwn yn teimlo'n ddiogel – rhywle lle mae fi fyddai'n addoli.

Mewn llyfryn i fyfyrwyr roeddwn wedi'i gael yn Undeb y Myfyrwyr roedd rhestr o dafarndai a chlybiau hoyw, ac yn Scarlett's un noson roeddwn yn siarad gyda chriw o ddynion – a phob un ohonynt yn mynychu eglwys! Roeddynt yn sgwrsio'n annwyl am y Tad Colin, eu hoffeiriad, ac yn dweud pa mor gyfeillgar oedd y rhai a fynychai Eglwys St Margaret's. Felly mi es i chwilio am Colin Oxenforth yn St Margaret's ar Princes Road yn Toxteth, rhyw filltir o lle roeddwn i'n byw. Cawsom sgwrs. Roedd Colin yn ŵr a siaradai'n blaen . . . Dywedodd mai Eingl-Gatholig oedden nhw. 'Some people can't cope with the smells and bells,' ychwanegodd. Dywedodd ei fod yn canu offeren bob dydd a bod croeso i mi ddod draw i weld a oedd o a St Margaret's yn fy siwtio. Rwy'n cofio gofyn iddo a gredai fod Crist yn ymbresenoli yn y bara yn ystod y Cymun.

'Os wyt ti'n credu hynny, yna mae o yno,' atebodd Colin.

Rhai boreau dim ond Colin a finnau oedd yn y capel ystylys. Weithiau roeddwn yn meddwl tybed a oeddwn

wedi mynd yn gaeth i'r arfer o fwydo ar y sacrament –
ond roedd yn 'adnewyddu fy enaid'. Diolchais i Dduw
hefyd am ddoethineb y Salmau, ac ynghyd â'r brodyr o
Taizé a Jeswitiaid St Louis, daeth *The Wounded Healer*
Henri Nouwen yn gwmni parhaol yn fy mywyd ysbrydol.

A daeth Steven yn gwmni i mi yn fy mywyd deublyg!
Roedd Steve yn dal yn briod, ond roedd wedi gwahanu
oddi wrth ei wraig dros flwyddyn cyn i mi gyrraedd
y ddinas, ar ôl pymtheg mlynedd o fywyd priodasol;
doedd hi ddim am wneud dim mwy ag o ar ôl iddo, yn
ddeunaw ar hugain, fod yn agored ynglŷn â'r ffaith ei
fod yn hoyw. Roedd ganddi hi bellach gariad newydd
ond roedd yr ysgariad yn cael ei ohirio am y tro gan fod
yna gymhlethdodau yn ymwneud â'r trefniant ariannol,
rhiant hen a musgrell yn byw mewn 'fflat nain', a thri
phlentyn o dan ddeuddeg. Roedd ganddynt 'drefniant';
roeddynt yn rhannu tŷ, ond nid gwely, yn rhannu gofal y
plant a'r nain, roedd Steve yn talu'r biliau o'r arian roedd
yn ei wneud o'i fusnes pensaernïol llewyrchus, ac roedd
y ddau'n byw bywydau annibynnol . . . hyn oedd y drefn
am y tro o leiaf. Roeddwn i'n cyfarfod Steven am un
noson yn unig bob wythnos – am bron i ddwy flynedd.
Roedd y ddau ohonom yn hapus efo'r trefniant; yn wir,
roedd yn amser arbennig. Byddem yn bwyta *lasagne* ym
Maranto's yn Lark Lane ac yna'n cerdded o amgylch y
llyn ym Mharc Sefton. Byddem yn mynd i weld ffilm, neu
ddrama, neu yn mynd i'r Philharmonic Hall. Weithiau
byddem yn mynd i Scarlett's neu Sadie's neu'r Lisburn
– bariau hoyw Lerpwl. Byddai'r papurau tabloid wedi
bachu ar y stori, ac mae'n siŵr y byddent wedi ymhyfrydu
yn fy 'nghwymp'. Byddai fy niffyg moesau . . . fy niffyg

parchusrwydd . . . wedi bod yn sioc i'r Henaduriaeth a Bwrdd y Genhadaeth Gartref, ac er gwaethaf y ffaith eu bod wedi dod yn fuan iawn i werthfawrogi a chanmol fy 'ngwaith da', nid oeddwn yn amau am funud y byddent wedi dirwyn fy nghytundeb i ben. Roedd y cyfrinachau, a'r gwir nad oedd yn cael ei ddweud ac felly'n gelwydd, yn fy mhoeni. Roeddwn yn troi'n rhywun nad oeddwn yn ei hoffi unwaith eto.

Ond roedd yna lawer o bethau a oedd yn porthi fy ego ac yn fy ngyrru yn fy mlaen. Roedd Swyddfa'r Caplaniaid yn ysbyty'r Royal Liverpool, ystafell yr oeddwn yn ei rhannu efo caplaniaid eraill nad oeddwn yn eu gweld yn aml, wedi'i lleoli o dan gapel yr ysbyty, ac i fynd i'r capel roedd rhaid mynd heibio siop yr ysbyty a lolfa fawr lle roedd yna bob tro rywun yn bwyta brechdan neu'n yfed mŵg o de o stondin Gwasanaeth Brenhinol Gwirfoddol y Merched. Yma y cyfarfûm â Peter Carey a Chad Brown tua diwedd mis Hydref, dim ond wythnosau ar ôl dechrau yn fy swydd newydd. Meddyg Ymgynghorol yn y maes cenhedlol-wrinol oedd Peter, a Chad yn un o'r gweithwyr cymdeithasol a oedd yn gweithio yng nghlinig Peter. Roedd y ddau wedi dod i chwilio amdanaf. Esboniodd Chad ei fod yn adnabod rhywun, a oedd yn adnabod rhywun oedd wedi mynychu un o'r capeli Cymraeg lle roeddwn wedi arwain gwasanaeth. Yn ystod fy mhregeth roeddwn wedi cyfeirio at fy ngwaith caplaniaeth yn San Francisco, a'r gofal bugeiliol ar gyfer dynion ifanc a oedd yn marw o AIDS. Roedd Peter newydd gadarnhau ei achos cyntaf o AIDS ac roedd o a Chad yn awyddus i gael unrhyw wybodaeth neu gefnogaeth y gallwn ei chynnig. Ymhen wythnos fi oedd y 'siaradwr gwadd' yng nghyfarfod staff eu hadran. Ar ddiwedd fy sgwrs roedd yna fflyd o gwestiynau a finnau'n gwneud fy ngorau i'w hateb – ac unwaith eto roeddwn yn falch bod fy astudiaethau imiwnoleg yn fyfyriwr israddedig yn Aberystwyth yn ei gwneud yn bosib i mi ddeall llawer o'r llenyddiaeth wyddonol gyfredol am yr afiechyd newydd dirgel hwn. Gofynnodd Peter a fyddwn ar gael, fel rhan o fy ngwaith fel caplan, i gwnsela a chefnogi ei gleifion a oedd yn cael diagnosis o AIDS. Dywedais y byddai'n rhaid i mi ei drafod gyda'r Henaduriaeth a Bwrdd y Genhadaeth ac y byddwn angen ychydig ddyddiau cyn y gallwn ei ateb. Nid oedd Ben Rees yn credu ei fod yn ddefnydd da o'm hamser; roedd o'n pryderu nad oeddwn eto wedi canolbwyntio digon ar y myfyrwyr ... nid oedd wedi gweld dim cynnydd yn y nifer o fyfyrwyr yn ei wasanaethau. Ateb Dafydd Andrew Jones, fy mòs ym Mwrdd y Genhadaeth yng Nghaerdydd, oedd os oeddwn i'n credu mai dyna roeddwn yn cael fy ngalw i'w wneud, y dylwn ei wneud.

Cyfarfûm â Peter a Chad ddwywaith neu dair cyn y Nadolig cyntaf hwnnw yn Lerpwl ac o ganlyniad i'r sgyrsiau hynny, a'u cysylltiadau hwy, ffurfiwyd grŵp llywio bychan gyda'r nod o sefydlu grŵp cefnogaeth ar gyfer pobl oedd wedi cael diagnosis o AIDS a llinell gymorth i gynnig gwybodaeth a chyngor i'r rhai a oedd wedi cael eu dychryn yn wirion gan storïau arswyd yn y wasg boblogaidd. Ac felly y ffurfiwyd MASG, y Mersey-side AIDS Support Group, ac yn ystod y gwanwyn canlynol a dechrau'r haf roeddwn yn cynorthwyo i hyfforddi gwirfoddolwyr ar gyfer y gwasanaeth ffôn a ddechreuodd ym mis Medi 1985. Hon oedd y llinell gymorth gyntaf o'i math y tu allan i Lundain. Roeddwn yn eithriadol o falch o'r hyn roeddem wedi'i gyflawni.

Fu nemor ddim llwyddiant gyda'r gwaith arfaethedig efo myfyrwyr a oedd yn fy nisgrifiad swydd – ac ni adawodd Ben i mi anghofio hynny. Cysylltais â mwy na deg ar hugain o fyfyrwyr yn y misoedd cynnar hynny, eu manylion wedi'u rhoi i mi gan weinidogion o wahanol rannau o Gymru. Roedd yr ychydig rai yn eu plith a oedd yn dal i fynychu capel neu eglwys yn rheolaidd yn mwynhau'r amrywiaeth o brofiadau a oedd yn cael eu cynnig gan Wasanaeth Caplaniaeth y Brifysgol ac eglwysi'r ddinas, tra oedd y rhai a oedd o gymunedau Cymraeg clòs a oedd yn teimlo hiraeth yn aml yn mynd adref dros y penwythnos. Roedd yr A55 – er bod yna rai darnau heb eu cwblhau – yn cynnig ffordd gyflym adref a doedd dim prinder o fyfyrwyr â cheir yn cynnig lle i eraill gyd-deithio â nhw trwy hysbysebu yn Undeb y Myfyrwyr. Ond y gwir oedd bod mwyafrif helaeth y myfyrwyr roeddwn i'n siarad â nhw wedi bod ar binnau i adael Cymru a phrofi'r 'ddinas fawr' . . . hyd yn oed y 'ddinas fawr ddrwg'. Daeth yn amlwg ymhen amser wrth sgwrsio gyda gwahanol aelodau o'r Henaduriaeth bod y gwaith efo myfyrwyr wedi'i ychwanegu at y swydd yn hwyr yn y dydd. Er bod y capeli Cymraeg yn draddodiadol wedi cynnig bywyd cymdeithasol Cymraeg i newydd-ddyfodiaid i'r ddinas, fel yn hanes y capeli'n gyffredinol bu lleihad graddol yn y gweithgareddau hynny ers y 1960au. Cymdeithas lai parchus, argyfwng crefyddol a oedd yn datblygu'n araf trwy Brydain, safon byw yn codi gan olygu bod gan bobl fwy o arian ar gael ar gyfer y diwydiant hamdden a oedd ar gynnydd . . . mwyaf tebyg bod y rhain oll wedi cyfrannu at newid demograffig, ac erbyn canol y 1980au roedd y bobl ifanc o Gymru yng ngholegau Lerpwl yn edrych i gyfeiriad gwahanol ar gyfer bywyd cymdeithasol cyffrous. Unwaith yr oeddwn i wedi deall hyn roeddwn yn gallu edrych trwy sbectol arall ar honiadau mynych Ben wrth yr Henaduriaeth bod fy ngwaith gyda myfyrwyr yn fethiant.

Bob ychydig fisoedd roeddwn yn cyfarfod â Dafydd Andrew Jones, pennaeth Bwrdd y Genhadaeth Gartref yng Nghaerdydd, a'r person roeddwn i'n ei ystyried fel fy mòs – cyfarfod yn Aberystwyth fel arfer; roedd angen iddo fynychu cyfarfodydd yno'n aml a doedd o ond ychydig oriau o waith gyrru o Lerpwl. Roeddwn bob tro yn teimlo bod ein trafodaethau'n ddefnyddiol . . . ac yn heriol . . . ac mi oeddwn i'n ddiolchgar ei fod yn gwrando – a'i fod fel petai'n clywed yr hyn yr oeddwn yn ei ddweud, rhywbeth nad oedd wastad yn wir yn yr Henaduriaeth. Roedd fy nghytundeb dwy flynedd ar fin dod i ben ac roedd y ddau ohonom wedi trefnu dros y ffôn i drafod dyfodol y gaplaniaeth – ac i drafod a oeddwn i wedi gwneud unrhyw benderfyniad ynglŷn â chael fy ordeinio, rhywbeth yr oedd wedi fy annog ym mhob un o'n cyfarfodydd i'w ystyried ac i weddïo yn ei gylch … 'oherwydd mae'r Eglwys angen pobol fatha chdi', fel y dywedai mor aml.

Roeddwn yn hoff o Dafydd Andrew, felly fe wnes i ddod allan efo fo; dyma'r unig ffordd y gallwn esbonio'n onest pam na allwn fynd yn fy mlaen â'r broses ordeinio. Roeddwn wedi cael digon o fyw bywyd dwbl, a byddai rhaffu celwyddau er mwyn y neidio trwy'r cylchoedd oedd angen ei wneud er mwyn cael fy ordeinio wedi gwneud i mi gasáu fy hun – ac mi oeddwn i'n amau a oedd Eglwys Bresbyteraidd Cymru yn agored i'r syniad o ordeinio dyn a oedd yn agored hoyw. Cofiaf fod ei ymateb yn llawn cydymdeimlad; dywedodd ei fod yn parchu fy ngonestrwydd a chyfaddefodd ei fod yn deall yn well fy mrwdfrydedd am y gwaith AIDS – ac os mai dyna roeddwn i'n credu roedd Duw yn fy ngalw i'w wneud ei bod yn weinidogaeth deilwng ac anrhydeddus i'w dilyn . . . fel lleygwr. Wnaethon ni ddim trafod adnewyddu fy nghytundeb. Ar y cyntaf o Hydref 1986 arwyddais ar y dôl, yn un o filiynau Maggie Thatcher.

Fe wnes i drin Steven yn wael. Ar y pryd roedd fel petai'n gymaint rhan o fy mywyd dwbl, cyfrinachol – bywyd nad oedd bellach yn angenrheidiol nac yn ddymunol. Roedd y cyfyngiadau ar fywydau'r ddau ohonom yn y blynyddoedd blaenorol wedi peri i mi wneud ymdrech galed i beidio syrthio mewn cariad efo fo. Ond mi oedd o wedi syrthio mewn cariad efo fi. Wrth i mi baratoi i gamu i fywyd newydd, cynigiodd Steve ysgaru ei wraig, rhoi trefn ar bethau'n ariannol a sefydlu cartref efo fi. Ond cerddais i ffwrdd.

11
Bohemian Rhapsody

Ar y cyfan, tydi'r Iseldirwyr ddim yn trosleisio ffilmiau neu raglenni teledu sydd mewn ieithoedd tramor; dyna un rheswm pam bod cymaint ohonynt yn siarad tair neu bedair iaith yn rhugl; yn wir, mae'r ffaith bod Saesneg mor gyffredin wedi sbarduno pryder yn yr Iseldiroedd bod Iseldireg yn cael ei gwthio o'r neilltu, yn arbennig mewn addysg prifysgol ar lefel ôl-raddedig. Rydym yn mynd yn rheolaidd i'r sinema *multiplex* yn Roermond, y ddinas fawr dros y ffin yn yr Iseldiroedd, dim ond ugain munud o Effeld. Nid yw gwylio ffilmiau yn Saesneg yn helpu fy Almaeneg, ond pan nad ydi gwefusau'r cymeriadau yn cyd-fynd efo'r lleisiau mae'n dwyn fy sylw a gwirion yw gwrando ar bobl fel Judy Dench a Rhys Ifans yn siarad Almaeneg. Mae Jupp a finnau'n hoff o Queen ac fe gynheuwyd ein diddordeb mewn opera gan Freddy Mercury a'i ddeuawd Olympaidd gyda Montserrat Caballé – 'Barcelona! Barcelona!' Yn fuan daeth y ddau ohonom yn 'opera queens'. Roedd y ffilm *Bohemian Rhapsody*, ffilm am hanes Queen, yn wefreiddiol, ond roedd yn atgyfodi atgofion o ddyddiau cynnar AIDS.

Alan Schut, a oedd yn gweithio yn swyddfa Deon y Myfyrwyr yn y Pacific School of Religion yn Berkeley, oedd y cyntaf i ddwyn fy sylw at yr afiechyd rhyfedd oedd yn lladd dynion hoyw. Daeth Alan i'm cyfarfod ym maes awyr San Francisco – gosgordd groesawu un

dyn – 'Wedi'r cyfan, chdi ydi Ysgolor y WCC eleni.'
Roedd gyrru i Berkeley yn golygu teithio ar hyd darn o'r
draffordd ymhell uwchben San Francisco ac ymlaen at
Bont y Bae sydd yn bedair milltir a hanner o hyd; ac wrth
i mi ryfeddu at y ddinas oddi tanom fe awgrymodd – gan
y gwyddai fod fy nghais am yr ysgoloriaeth yn ymwneud
ag ymateb bugeiliol i lesbiaid a dynion hoyw – y byddwn
efallai am ystyried sut yr oedd yr holl asiantaethau yn y
ddinas, nid dim ond yr eglwysi, yn ymateb i'r drychineb
oedd wedi dechrau anrheithio'r gymuned hoyw gan
achosi anharddu ac anabledd a marwolaethau cyn pryd.

'Does dim hyd yn oed enw iddo eto,' meddai Alan
pan holais ef. 'Mae'n gasgliad o symptomau – peswch
cras nad oes posib cael gwared ohono, ac mae rhai hogia
yn cael cleisiau ar hyd eu cyrff, marciau bach duon tua
maint *nickel*, yr ân a herpes a dolur rhydd uffernol.'

Ni wyddai'r un ohonom, pan oeddem yn gyrru
ar draws y bae i Berkeley, fod y peswch cras yr oedd
dynion ifanc hoyw yn ei ddatblygu yn cael ei achosi
gan haint prin ar yr ysgyfaint o'r enw *Pneumocystis
carinii pneumonia* (PCP), a darganfuwyd bod y cleisiau
bychain yn nodweddu canser anarferol o ymosodol o'r
enw sarcoma Kaposi. Mae'r ddau gyflwr yn arwyddion o
ddirywiad yn system imiwnedd y corff, sydd yn caniatáu
i ystod o heintiau ffynnu – syndrom o heintiau. Byddai
bron i flwyddyn yn ddiweddarach, ym mis Mehefin
1982, cyn i glwstwr ymchwil o achosion ymysg dynion
hoyw yn Ne Califfornia awgrymu bod achos y diffyg
imiwnedd yn gysylltiedig â rhyw hoyw, ac yn wreiddiol
galwyd y syndrom yn *gay-related immune deficiency* neu
GRID. Ond roedd y CDC (y Centers for Disease Control

and Prevention), y prif sefydliad iechyd cyhoeddus yn yr Unol Daleithiau sydd â'i bencadlys yn Atlanta, Georgia, eisoes wedi derbyn adroddiadau am ddiffyg imiwnedd difrifol ymysg grŵp o hemoffiligion yn Haiti ac ymysg defnyddwyr cyffuriau mewn dinasoedd ar draws yr Unol Daleithiau, ac ym mis Medi 1982 fe ddefnyddiwyd y term *Acquired Immune Deficiency Syndrome* neu AIDS ganddynt – y tro cyntaf i'r term gael ei ddefnyddio. Gan fod mwy o ymwybyddiaeth erbyn hynny ymysg y gymuned feddygol fyd-eang dechreuwyd derbyn adroddiadau o achosion o AIDS ledled y byd, ac mor gynnar â mis Ionawr 1983 adroddwyd bod partneriaid benywaidd dynion ag AIDS, yn enwedig yn Affrica, yn dangos y syndrom, a oedd yn awgrymu'n gryf ei fod yr un mor debygol o gael ei drosglwyddo trwy ryw rhwng dyn a menyw ag ydoedd trwy ryw rhwng dau ddyn. Ac eto, daeth AIDS i gael ei adnabod fel y 'pla hoyw' ac fe gafodd dynion hoyw a oedd wedi 'dod allan' a chael lloches oddi wrth ragfarn ac erledigaeth – a chael cefnogaeth ei gilydd – yng 'nghymunedau hoyw' dinasoedd mawrion gorllewin Ewrop a Gogledd America eu difrïo . . . eu trin fel bychod dihangol . . . eu herlid . . . gan yrru llawer ohonynt yn ôl i'r 'closet'. Lledaenodd ofn ymysg dynion hoyw fel twymyn – ynghyd â'r awydd i wadu'r peth: all o ddim digwydd i rywun fel fi.

Roedd fy misoedd cyntaf yn Berkeley yn gymysgedd o wahanol bethau cyffrous oedd yn fy ngwneud yn chwil – bywyd newydd mewn diwylliant gwahanol, gwneud ffrindiau newydd, her academaidd a oedd ar adegau yn gwneud i mi amau fy hun . . . ac yna, ar ôl i mi ddechrau gweld Cindy Coleman, peth poen personol dwfn a chyfle i ddod i adnabod fy hun. Weithiau byddai Alan Schut yn rhoi copi o'r *Bay Area Reporter* neu'r *Advocate* i mi pan oedd ynddynt erthygl am AIDS, ond dim ond rhywbeth yng nghefn fy meddwl oedd y drychineb iechyd cyhoeddus a oedd yn graddol ddod i'r amlwg.

Roedd yr wythnosau lawer o driniaeth sioc drydanol a gefais yn Ninbych ym 1975 wedi fy ngadael yn ofnus y byddai unrhyw ymateb rhywiol gennyf yn tanio ôl-fflach-iadau, felly roeddwn wedi gweithio'n galed yn y blyn-yddoedd ers hynny i rwystro unrhyw deimladau felly. Roedd y mentro i berthnasau rhywiol yn Aberystwyth, y berthynas fer gyda Dafydd Owen a'r flwyddyn ddigalon gyda Bob Harney, wedi fy mherswadio mai diweirdeb oedd fy unig ddewis posib – ond roedd yn benderfyniad oedd yn deillio o'r sefyllfa yn fwy nag o argyhoeddiad.

Wrth i mi drio dad-ddysgu canlyniadau ymdrechion trwsgl Dafydd Alun Jones i ddargyfeirio fy rhywioldeb, roedd fy sgyrsiau gyda Cindy yn aml yn rhywiol gig-noeth. Gofynnodd i mi, yn eithaf buan yn ein perthynas, archwilio fy nghorff trwy ei gyffwrdd – i ailgysylltu gyda fy hunan corfforol . . . a'm hunan rhywiol, ac i gadw dyddiadur o unrhyw ymateb rhywiol – ond nid i fastyrbio . . . gallai hynny ddigwydd yn nes ymlaen efallai. Byddwn yn rhannu'r nodiadau yn fy nyddiadur gyda hi bob wythnos ac yn aml byddai llifeiriant o ddicter yn deillio o hyn – ar y cyfan wedi'i anelu at 'y peth ddigwyddodd yn Ninbach'. Awgrymodd Cindy fy mod yn ysgrifennu llythyr at y doctoriaid a'r nyrsys yn yr ysbyty adref yng Nghymru – gan ymateb mor onest ag y teimlwn y gallwn, hyd yn oed os oedd y llythyr yn llawn casineb a bustl. Ac yn wir, mi oedd y llythyr a sgwennais yn llawn rhegfeydd a ffieidd-dod ynglŷn â'r hyn roeddan 'nhw' wedi'i wneud i mi; anfonwyd mo'r llythyr – dw i ddim yn credu bod Cindy wedi bwriadu i mi ei anfon – ond fe wnaeth agor y llifddorau ar y chwerwder a'r dicter oedd wedi bod yn cronni ynof.

Dw i ddim yn cofio am sawl wythnos y bûm yn waldio'r clustog mawr ar lawr swyddfa Cindy, gan ddyrnu'r Dr D A Jones a'r rhai oedd yn gweithio efo fo . . . ac yna un diwrnod – o ryw gilfach bell yn fy seice, ymddangosodd wyneb y dyn yn y babell ar Fegla Fawr – ac fe ddyrnais a dyrnais; fe wnes i hyd yn oed yrru i un o'r traethau diarffordd i'r gogledd o Fae San Francisco, a sgrechian a gweiddi – a dweud wrth Dr Jones . . . a 'nhreisiwr, yn union be roeddwn i'n feddwl ohonynt.

Byddwn yn dweud celwydd pe honnwn fod yna unrhyw deimlad o ryddhad wedi dod yn syth neu fod maddeuant wedi dod yn hawdd, ond erbyn gwanwyn 1982 – bedwar neu bum mis ar ôl dechrau gweld Cindy – dechreuais deimlo ysgafnder a thawelwch mewnol a oedd yn newydd . . . ac roedd fy ysfa rywiol fel petai'n cael ei hailgynnau. Roeddwn bron yn chwech ar hugain, ac fel rhywun yn ei arddegau byddwn yn cael fy nenu at ddynion ar hap ar y stryd neu'n cael min wrth eistedd wrth ymyl dyn ar y tram, yn cael fy nghynhyrfu gan ei agosrwydd, ei aroglau, rhythm ei anadlu. Ysgrifennais am hyn yn fy nyddiadur a'i drafod efo Cindy. 'Felly efallai ei bod hi'n bryd archwilio mastyrbio,' meddai. 'Gallet ti hyd yn oed ffantasïo am y dynion ar y stryd neu'r dyn yn y tram.' Felly fe wnes, ac ni fu ôl-fflachiadau.

Anrheg i mi fy hun ar fy mhen-blwydd yn chwech ar hugain oedd mynd i'r Steamworks, y baddondy hoyw ar Fourth Street yn Berkeley. Roeddwn am fod yn noeth ymysg dynion. Doeddwn i ddim yn chwilio am ryw; doeddwn i ddim yn barod am hynny – a doedd y 'rhyw adloniadol' eithaf anhysbys, a oedd yn ymddangos yn beth cyffredin mewn sawnas o'r fath, ddim yn rhywbeth yr oeddwn i wedi'i ddychmygu na'i ddeisyfu. Y cwbl yr oeddwn i eisiau oedd cyffwrdd, a chael fy nghyffwrdd … dim mwy na hynny, wir. Dechreuais sgwrsio gyda dyn yn y bath stêm; roedd o'n dod o'r Ariannin. Roedd gan y ddau ohonom gywilydd o'r rhyfel rhwng ein dwy wlad dros y Malfinas/Falklands . . . ac roeddem wedi dychryn bod Thatcher, y diwrnod cynt, wedi gorchymyn suddo'r *General Belgrano*. Cyffyrddodd â fy nghlun a gofyn i mi be oeddwn i'n ei 'hoffi'. Mwythais ei frest a dweud mai dim ond isio 'cuddle' oeddwn i. Chwarddodd a gofyn pa fath o 'arfer rhywiol Seisnig hen ffasiwn' oedd hynny, a chwerthin eto pan wnes i esbonio nad oeddwn i am gael rhyw efo fo, dim ond cwtsh. Felly cawsom gwtsh. Ac ar ôl ychydig, cusanu. Ac ni phrofais unrhyw ôl-fflachiadau. Ac yna diolchais iddo – a cherdded i ffwrdd . . . yn hollol ymwybodol bod y ddau ohonom wedi'n cynhyrfu'n rhywiol. Byddaf yn ddiolchgar byth iddo am ei amynedd, ei synnwyr digrifwch a'i gynhesrwydd.

Roedd Cindy wedi'i synnu pan ddarllenais fy nyddiadur iddi. 'Maen nhw'n lefydd peryglus rŵan, efo'r afiechyd 'ma. Plis deud wrtha i na wnei di ddim byd fydd yn dy roi di mewn perygl.'

'Os nad ydi cusanu a chwtsio yn bethau peryglus . . .' dechreuais, ond torrodd ar fy nhraws.

'Oes yna unrhyw un wir yn gwbod eto be sy'n ei achosi? Jest bydd yn ofalus, dyna'r cwbl dw i'n ddeud.

Sgen ti ddim ffrind hoyw y gallet ti fod yn noeth efo fo
. . . i archwilio petha efo chdi?'

'Ond tydi hynna ddim yn gwneud synnwyr, Cindy.
Be fyddai dieithryn mewn baddondy yn debygol o fod
wedi'i wneud na fyddai un o fy ffrindiau hoyw, un a
fyddai'n ddigon hyderus ac yn fodlon bod yn noeth efo
fi, wedi'i wneud? A beth bynnag, dw i'n glir ynglŷn â fy
ffiniau.'

Ond mi oedd fy ffiniau wedi mynd yn annelwig.
Ychydig wythnosau'n ddiweddarach, a finnau wedi
dychwelyd i'r Steamworks, cofleidiais a chusanu am
ychydig gyda dyn roeddwn yn ei gofio yn y dosbarth
Hen Destament y tymor cynt. Ac yna cyffwrdd ein gilydd
yn fwy personol ac roedd yna dân gwyllt gwych. Yn fy
nyddiadur ysgrifennais yn Saesneg, 'we got into some
heavy petting – nothing more, I suppose, than what
many teenagers might get up to once they've been on a
couple of dates.' Roeddwn wedi cael orgasm efo dyn ac
ni fu ôl-fflachiadau. Yn chwech ar hugain oed roeddwn
wedi dad-ddysgu digon o'r cyflyru negyddol ynglŷn â
bod yn hoyw i ddarganfod hapusrwydd a phleser mewn
rhyw – efo dyn . . . ac roeddwn i'n hoffi hynny.

Gallwn yn hawdd ddeall atyniad caethiwus llefydd
fel y Steamworks ond roeddwn yn ystyried hefyd a
fyddai cyfathrach dros dro felly yn fy modloni. Dw i
ddim yn credu fy mod i'n meddwl llawer am ryw felly
mewn termau moesol – roedd dau oedolyn yn cytuno
i rannu pleser am ychydig oriau, yn union fel y byddai
dau berson yn mynd allan am bryd o fwyd neu i wylio
drama neu ffilm. Ond oherwydd bod fy nau ymweliad
wedi fy nghynorthwyo i adennill yr hyn yr oedd therapi

anghymell wedi ceisio'i ddileu, roeddwn yn teimlo'n rhydd i ystyried chwilio am gariad . . . ac felly y bu i mi, rhwng y Nadolig a'r Flwyddyn Newydd yn 1982, gyfarfod a syrthio mewn cariad efo Michael Wyatt.

Roedd Michael yn adlamu o berthynas flaenorol. Roedd yn onest am hynny. Roedd wedi bod mewn perthynas efo dyn am dair blynedd, ond roedd y cariad yn adict rhyw, ar adegau'n treulio dwy neu dair noson yr wythnos ym maddondai San Francisco. Daeth y berthynas i ben yn derfynol ddiwedd yr haf, ond roedd y graith yn dal yn ffres. Penderfynodd y ddau ohonom y byddem yn canlyn yn barchus am ychydig a ddim yn rhuthro i gael rhyw. Dw i'n credu i ni ganlyn felly am – tua thair wythnos!

Y dyn cyntaf i mi ei gyfarfod a gwybod bod AIDS arno oedd Bill Palmatier, yr organydd yn yr eglwys lle bûm yn weinidog cynorthwyol yn ystod fy mlwyddyn olaf yn y coleg – cyn i mi raddio ym mis Mai 1984. Dim ond yn ystod misoedd olaf ei fywyd, ac yntau'n ddyn gwael, y cefais adnabod Bill. Roedd aelodau'r Bethany United Methodist Church yn San Francisco yn aml yn sôn am ei egni a'i frwdfrydedd am gerddoriaeth eglwysig, ei hiwmor a allai fod yn ddeifiol, ei haelioni gyda'i amser a'i arian – a pha mor olygus y bu. Roedd gan y dyn y gwnes i ei gyfarfod fochau pantiog gyda llygaid a edrychai'n rhy fawr a dannedd a edrychai'n rhy amlwg. Roedd yr olion sarcoma Kaposi ar ei wyneb weithiau'n cael eu cuddio gan golur, ond wedyn byddai ei groen yn edrych yn anwastad oherwydd nad oedd y lliw wedi'i lyfnhau fel ei fod yn cyd-fynd â'i groen . . . a heb y colur roedd sbotiau glas a du ar ei dalcen a'i fochau. Yn aml roedd ei wefusau yn chwyddedig a chramennog oherwydd herpes, a'i lais yn gryg oherwydd y peswch. Roedd y gweinidog yn Bethany, Chris Shiber, newydd gael cadarnhad ei bod yn feichiog gyda'i phlentyn cyntaf, ac oherwydd y dyfalu, oedd yn ymylu ar adegau ar hysteria, ynglŷn â sut y gallai beth bynnag oedd yn achosi AIDS gael ei drosglwyddo'n hawdd, roedd hi'n gyndyn i ymweld â Bill, a dyna pam yr oeddwn i – y bachgen newydd – yn mynd i'w weld, yn yr ysbyty a gartref. Ar ddyddiau Sul y Cymun, yn syth ar ôl y gwasanaeth byddwn yn mynd â'r bara a'r gwin cysegredig i Bill; weithiau byddem yn adrodd gweddïau o lyfr gweddi'r Eglwys Esgobol, traddodiad ei blentyndod, ac weithiau byddem yn eistedd mewn distawrwydd. Fyddai Bill byth yn gofyn yn uniongyrchol i mi afael yn ei law – byddai bob tro'n dweud, 'Fyddet ti'n fodlon i mi afael yn dy law?' Pe bawn yn ymweld ag o yn ystod yr wythnos byddai'n aml yn gwrando ar gerddoriaeth; roedd yn hoff o Simon and Garfunkel, ac Elton John, ac yn aml byddai'n gwrando ar Joan Armatrading yn canu 'Willow', drosodd a throsodd – 'Shelter in a storm'.

Ar ôl i Bill afael yn fy llaw am y tro cyntaf profais don o banig fel petai'i gyffyrddiad wedi troi swits yn fy meddwl wnaeth fy ngorfodi i roi at ei gilydd y darnau o'r jig-so AIDS roeddwn wedi'u casglu o gyfnodolion gwyddonol yn llyfrgell y brifysgol. Yn barod, ym mis Mai 1983, roedd gwyddonwyr yn Ffrainc wedi darganfod firws yr oeddynt yn credu ei fod yn gyfrifol am y diffyg imiwnedd – firws a oedd mwyaf tebyg wedi bodoli ymysg pobl am ddegawdau gyda'r gallu i aros ynghwsg mewn unigolyn am gyfnod hir cyn i'w allu i ddinistrio gael ei ddeffro, a'i fod mwyaf tebyg yn cael ei gludo yn y gwaed a'i ledaenu trwy gyswllt rhywiol. Yn wir, gallai'r rhai oedd rŵan yn dangos symptomau o AIDS fod wedi bod yn ei gario heb ddangos symptomau am flynyddoedd, ac yn ei ledu yn ystod y cyfnod hwnnw.

Daeth y tonnau bach cyntaf o ofn wrth i mi yrru adref i Berkeley o fflat Bill ger Golden Gate Park, gan herio fy nghred haerllug na allai ddigwydd i mi. Doedd yna nunlle i dynnu oddi ar y ffordd ar y bont ac wrth i'r syniadau am haint yn cuddio a lledaenu dreiddio, canolbwyntiais ar fy anadlu ac atgoffa fy hun bod wyneb Crist o dan y colur blêr yna, yn dwyn creithiau sarcoma Kaposi. Daeth y gwir lif o bryder ac ofn drosof wrth i mi barcio'r car a cherdded rhyw ddau gan llath i'm fflat ar y campws.

Sefais o dan y gawod am dros awr yn trio cael gwared o gyffyrddiad Bill, gan wybod fy mod yn gweithredu'n afresymegol . . . ond roedd pob meddwl call yn cael ei wthio o'r neilltu gan bosibiliadau. A allwn i eisoes fod wedi fy heintio? Trwy Michael? Roedd o wedi bod yn ddigon gonest ynglŷn â'i gyn-gariad a oedd yn gaeth i ryw diofal ym maddondai San Francisco. A beth am fy ymweliadau i fy hun â'r Steamworks . . . neu hyd yn oed y dyn yn y babell ar Fegla Fawr yr holl flynyddoedd yn ôl a oedd wedi dod yn fy anws cleisiog a gwaedlyd?

Fe wnaeth fy mhrofiadau gyda Bill, a dynion eraill gydag AIDS a gyfarfûm yn Ysbyty Gyffredinol San Francisco, dynion ifanc yn bennaf, gyffwrdd fy mywyd mewn ffyrdd dwys. Dysgais fyw gyda'r posibilrwydd fy mod wedi fy heintio ac addasu fy ymddygiad i sicrhau na fyddwn i'n pasio'r haint yn ei flaen os oeddwn yn ei gario (ac, yn wir, i sicrhau na fyddwn i'n ei ddal 'o' os nad oedd eisoes yn cylchdroi yn fy ngwaed). Dysgais werthfawrogi'r 'foment' a pheidio rhoi pethau heibio tan yfory . . . a gwahardd fy hun rhag gwastraffu fy mywyd yn dymuno i bethau fod yn wahanol. Ac fe sylweddolais, a gwerthfawrogi, y cyfrifoldeb oedd gen i i sefyll yn gadarn yn erbyn anwybodaeth, rhagfarn, camwahaniaethu a chasineb a dweud fy ngwirionedd yn dawel a chlir, gan synnu yn aml o ble roedd y dewrder yn dod. Efallai mai'r agweddau hyn ynof a oedd yn apelio at newyddiadurwyr teledu a gwneuthurwyr ffilm.

Erbyn i mi ddychwelyd i Brydain ddiwedd haf 1984 roedd S4C wedi bod yn darlledu ers bron i ddwy flynedd, ac roedd llawer o'r rhai a fu yn yr ysgol a'r brifysgol yr un adeg â fi wedi cael gwaith ym myd teledu. Roedd Dilys Morris Jones, yr oeddwn i wedi tyfu i fyny efo hi yn Bermo, yn gweithio ar *Y Byd ar Bedwar*, rhaglen a oedd eisoes wedi cael enw da am newyddiaduriaeth ymchwiliol, galed o safon uchel. Trwy Dilys cefais fy nghyflwyno i Russell Isaac, un o newyddiadurwyr a chyflwynwyr y rhaglen, a'r cyfarwyddwr Phil Lewis; roedd y ddau am wneud rhaglen ddogfen am AIDS yn San Francisco . . . ac roedd gen i, Cymro a oedd newydd ddychwelyd o'r ddinas honno, stori roedd posib iddynt ei defnyddio. Ar ôl rhai misoedd o drin a thrafod, teithiais yn ôl i Galiffornia ym mis Awst 1986 i wneud y ffilm, ac fe'i darlledwyd yn yr hydref.

Mae'n anodd barnu effaith y ffilm. Cyn iddi gael ei darlledu prin bod y wasg yng Nghymru wedi rhoi sylw i AIDS, ond yng Ngwobrau'r Wasg Gymreig yn hwyrach y flwyddyn honno canmolwyd *Y Byd ar Bedwar* am ei hymdriniaeth sensitif â phynciau anodd – yn arbennig AIDS – a hynny'n arwain at adroddiadau gwybodus a chyfrifol yn y wasg a oedd yn herio llawer o'r camargraffiadau oedd i'w gweld yn y papurau poblogaidd Prydeinig. Mi oeddwn i yn y misoedd – blynyddoedd hyd yn oed – ar ôl i'r ffilm gael ei dangos yn cael fy adnabod yng Nghymru fel 'y dyn yn y rhaglen AIDS', ac roedd newyddiadurwyr teledu a radio, yn arbennig y rhai a oedd yn gweithio yn Gymraeg, yn dod i guro wrth fy nrws pan oedd angen rhywun i siarad am faterion 'sensitif' ym ymwneud â rhyw a rhywioldeb.

12
Llafarganu Taizé
– ac Arfau Niwclear

Dw i ddim yn mynychu'r Offeren efo Jutta yn rheolaidd. Ar nos Sadwrn lawog fel arfer daw galwad ffôn; bydd Gerda wedi setio gwallt Jutta yn y bore – defod wythnosol – ac am nad ydi hi am i'r glaw ddifetha'i gwallt llawn lacer, bydd yn gofyn am bàs yn y car. Weithiau byddwn yn canu siantiau Taizé – a heddiw wrth i linell ansad o hen bobl wegian tuag at yr allor, 'Laudate omnes gentes' oedd y dewis. Roeddwn wedi canu'r geiriau hyn o Salm 117 lawer gwaith wrth wrando ar fy recordiau o fynachod Taizé, a heno cefais fy llusgo'n ôl i'r protestiadau y tu allan i Labordy Lawrence Livermore, lleoliad ymchwil ar gyfer arfau niwclear tua deugain munud o Berkeley, a phlismon Califforniaidd a allai fod wedi camu o un o gylchgronau pornograffig y Dr Dafydd Alun Jones.

Roedd y protestiadau yn Livermore wedi'u hen sefydlu erbyn i mi gyrraedd Berkeley ym mis Medi 1981. Wrth i'r wythnosau fynd heibio sylweddolais fod cael eu harestio yn Livermore yn bluen yn het y myfyrwyr oedd â thueddiadau adain chwith yn y Graduate Theological Union ar Holy Hill, Berkeley – ond un y byddai'n rhaid i mi wneud hebddi: byddai fy statws fisa J1 fel ysgolor gwadd Cyngor Eglwysi'r Byd mewn perygl petawn i'n torri'r gyfraith yn y fath fodd. Er gwaethaf sawl gwahoddiad, roeddwn bob tro yn gwrthod y cyfle i brotestio yn erbyn peiriant arfau niwclear Ronald Reagan.

Yn ystod gwanwyn 1984 roeddwn yn ymgymryd â phrofiad gwaith rhan-amser, fel gweinidog cynorthwyol, yn y Bethany United Methodist Church yn Nyffryn Noe, San Francisco. Roedd yr eglwysi yn Ardal y Bae wedi bod yn protestio yn Livermore ers rhai blynyddoedd fel rhan o'u tystiolaeth adeg y Grawys, ac yn ystod yr awr goffi yn dilyn y gwasanaeth ar ddydd Sul ar ddechrau'r Grawys penderfynodd criw bychan o aelodau Bethany yr hoffent fod yn rhan o'r wylnos weddi y tu allan i'r labordy niwclear ar Ddydd Gwener y Groglith. Roedd yr Esgobaeth Anglicanaidd a Chynhadledd Gogledd Califfornia yr Eglwys Fethodistaidd Unedig wedi sicrhau caniatâd i gynnal gwylnos weddi tu allan i giât nad oedd yn cael ei defnyddio ar y safle arfau niwclear anferthol, a'r bwriad oedd protestio'n symbolaidd yn fwy nag amharu'n fwriadol ar yr hyn oedd yn digwydd yno. Gan ystyried hyn penderfynais y byddwn yn ymuno â'r brotest.

Roedd dydd Gwener, 20 Ebrill yn ddiwrnod braf a chynnes. Roedd rhai cannoedd ohonom wedi casglu o flaen y 'giât nad oedd yn cael ei defnyddio' ac roedd y siant, 'Laudate omnes gentes', fel petai wedi magu ei bywyd ei hun, yn chwyddo ac yn cilio, fel petai rhyw arweinydd côr nefol yn gofyn am fwy bob tro. Ac yna symudodd yr heddlu tuag atom . . . a'r camerâu teledu – roedd y cwmnïau teledu wedi cael rhybudd y byddai'r esgobion oedd yno yn cael eu harestio.

Doedd dim helynt; roedd pawb mewn hwyliau da ac fe wnaeth rhai o'r plismyn hyd yn oed ymuno yn y siant, a oedd yn chwyddo eto fel petai'n herio grym y gyfraith. Roeddwn i tuag ugain troedfedd oddi wrth y rhai yn y crysau piws oedd yn cael eu rhoi mewn cyffion, ac am fy mod yn ofni y byddwn yn cael fy arestio fy hun dechreuais symud tuag at gefn y dorf – ond yn sefyll yn fy ffordd roedd dros chwe throedfedd o harddwch gwrywaidd Califfornia; gwallt golau, llygaid gwyrddlas, dannedd perffaith a oedd yn sicr wedi costio miloedd o ddoleri a chyhyrau yn gwthio yn erbyn llewys ei grys ac yn dyst i oriau yn y gampfa. Roeddwn yn ansicr be i'w wneud. Roedd o'n edrych yn gyfarwydd. Oeddwn i ar fin cael fy arestio? A fyddwn i'n cael fy anfon o'r wlad wythnosau yn unig cyn graddio?

'Ydan ni i gyd yn mynd i gael ein cymryd i'r ddalfa?' gofynnais.

Cododd ei ysgwyddau.

'Ond tydan ni ddim wir yn achosi problem . . . 'dan ni wedi cael caniatâd i weddïo y tu allan i'r giatiau yma.'

'Dw i'n siŵr y bydd o'n edrych yn dda ar y newyddion heno, gweinidogion yn ymddangos o flaen eu gwell,' meddai. 'Ti ddim yn Americanwr . . . mae dy acen...' Edrychodd arna i'n chwilfrydig.

'Acen Gymreig.'

'Roedd fy nheulu o Gymru,' meddai gan ynganu 'Wales' fel 'Whales' er nad oedd o'n edrych dim byd tebyg i'r orcas oedd yn nofio ger yr arfordir. 'I'm third generation but there are still some cousins in Whales, near Swan-sea.'

'Fedra i ddim cael fy arestio,' dywedais, efallai yn rhy fwriadol. 'Mae fy fisa . . .' meddwn gan daflu fy nwylo i'r awyr.

'Efallai fydd ond rhaid i mi gymryd dy enw a dy

gyfeiriad,' dywedodd gan wenu. 'A dy rif ffôn.' A doeddwn i ddim wedi cynhyrfu gormod i fethu sylweddoli ei fod o'n fflyrtio . . . a chofiais lun yn un o'r cylchgronau pornograffi roedd y doctoriaid wedi'u defnyddio yn Ysbyty Dinbych – un o blismyn traffyrdd Califfornia yn cael cyfathrach rywiol efo'i foto-beic.

Dim ond chwech o bobl a arestiwyd y tu allan i Labordy Lawrence Livermore y bore hwnnw ym mis Ebrill. Ac ni wnaeth y plismon oedd yn edrych yn debyg i seren o fyd y ffilmiau porn fy ffonio! Rwy'n dal i ddyfalu weithiau a wnaeth o drosglwyddo fy manylion i'r swyddogion mewnfudo ai peidio.

13
WDR4:
Falling In Love Again

Ich bin von Kopf bis Fuß
Auf Liebe eingestellt
Denn das ist meine Welt
Und sonst gar nichts
Das ist, was soll ich machen,
Meine Natur
Ich kann halt lieben nur
Und sonst gar nichts

Rydym yn deffro i gyfeiliant Marlene Dietrich yn syrthio mewn cariad eto. *Falling In Love Again.* Mae hi'n fore diflas ym mis Rhagfyr; yn Effeld cawn ddyddiau llwyd a dwl – hyd yn oed wythnosau llwyd a dwl pan nad oes cip o awyr las a phan mae'n ymddangos bod yr haul ar goll am byth. Ar ddyddiau felly, mae'n llofft ni, wedi'i pheintio'n wyn, yn teimlo'n oer, a byddwn yn swatio o dan y *duvet* trwm a cheisio gohirio camu i'r llwydni. Tydi newyddion y bore, wedi'i bylu gan y cwilt tew, yn sôn am ddim byd ond pwy fydd yn olynu Angela Merkel. Mae'r blaid asgell dde gymedrol yn yr Almaen, y Christlich Demokratische Union (CDU), ar fin dewis eu harweinydd newydd o blith Friedrich Merz, Jens Spahn ac Annegret Kramp-Karrenbauer. Mae Jupp yn dyfalu sut y gall dyn agored hoyw, Jens Spahn – y Gweinidog Iechyd – fod yn gymaint o geidwadwr, a derbyn cefnogaeth ymysg pobl hŷn geidwadol yr Almaen, sef trwch aelodaeth y blaid. Mi ydw i'n dyfalu sut y gall unrhyw un ynganu enw'r unig fenyw sydd yn y ras . . . 'Maen nhw'n ei galw'n AKK,' medd Jupp. Y CDU oedd y blaid a wnaeth yn naturiol ffurfio'r llywodraeth yn ystod y rhan fwyaf o'r cyfnod wedi'r rhyfel – a phery hynny i fod y ddelwedd sydd gan y blaid ohoni'i hun. Ond mae'r gwir yn wahanol iawn wrth i etholiad cyffredinol 2017 ac yna etholiadau'r taleithiau weld y blaid yn dioddef colledion sylweddol i'r Gwyrddion a thwf y dde eithafol yn yr Almaen, yr *Alternative für Deutschland*. Ac yna mae Marlene yn canu eto, yn yr Almaeneg y tro hwn – *Ich bin von Kopf bis Fuß* . . .

Ddechrau mis Rhagfyr 1986 y gwnes i gyfarfod Jupp. Wrth i mi ysgrifennu hyn rydym yn dathlu tri deg a phedair o flynyddoedd efo'n gilydd – sydd yn amhosib ei amgyffred o ystyried sut y gwnaethon ni gwrdd.

Roeddwn i wedi bod ar y dôl ers ychydig fisoedd, er pan nad adnewyddwyd cytundeb Eglwys Bresbyteraidd Cymru. Yn ystod yr wythnosau cyntaf o fod heb waith roeddwn yn aml yn cerdded o amgylch y llyn ym Mharc Sefton yn Lerpwl. Roeddwn yn teimlo'n anniddig ynglŷn â bod yn ddi-waith – a doedd hyd yn oed dysgu, fy ngwaith wrth gefn arferol gan fy mod i wedi hyfforddi fel athro, ddim llawer o help . . . gyda'r adwaith yn erbyn AIDS a oedd unrhyw ysgol am gyflogi dyn agored hoyw? Roedd y modd roeddwn i wedi trin Steven yn fy mhoeni hefyd a mwy nag unwaith ystyriais ailgynnau'r berthynas, ond roedd y teimlad ei fod yn rhan o fywyd deublyg a oedd bellach yn fy ngorffennol yn cryfhau, ac wrth i mi ailddarganfod sicrwydd a chydbwysedd, daeth cysylltu efo fo eto yn llai a llai o bosibilrwydd. Bron bob bore byddwn yn cael paned o goffi yn Keith's Wine Bar yn Lark Lane, rownd y gornel o'm fflat bach un ystafell, ac yn mynd trwy adran swyddi'r *Guardian*. Yn aml byddwn yn cysgu yn y prynhawn, canlyniad efallai i 'ymryddhau' oddi wrth y gaplaniaeth a chael fy llorio gan ba mor wir flinderus roedd y gwaith wedi bod . . . ac roedd yna geisiadau am swyddi i'w gwneud – ac weithiau roedd rhaid addasu fy CV ar gyfer swydd benodol, gwaith a oedd, yn y dyddiau cyn y prosesydd geiriau, yn golygu ychydig oriau o flaen teipiadur. Roeddwn yn aml yn mynd i'r Offeren yn St Margaret's yn Toxteth, gan gerdded y filltir a hanner yno fel arfer, ac mi oeddwn i'n un o'r rhai a oedd yn mynychu'r gwasanaeth am hanner awr wedi deg ar ddydd Sul yn rheolaidd. Yna, yn nechrau mis Tachwedd, cefais wahoddiad i gyfweliad ar gyfer swydd yn Adran Iechyd Cyhoeddus bwrdd iechyd cyfagos – un o'r swyddi newydd oedd wedi cael eu creu ledled Prydain i addysgu pobl am HIV, swyddi a oedd wedi'u creu gydag arian a oedd wedi'i glustnodi a'i ryddhau gan lywodraeth Margaret Thatcher i 'rwystro lledaeniad AIDS'. Roeddwn yn hyderus fy mod wedi cyflwyno fy hun yn dda yn y cyfweliad; ac yn hyderus hefyd mai fi, gyda gradd mewn bio-imiwnoleg, profiad ymarferol o weithio gyda phobl efo AIDS yn San Francisco, a'm rhan yn sefydlu Grŵp Cefnogaeth AIDS Glannau Mersi, oedd yr ymgeisydd â'r cymwysterau gorau. Ar ôl deuddydd anghyfforddus o aros cefais wybod fy mod wedi cael y swydd a rhoddais ochenaid o ryddhad; nid oedd bod ymhlith 'miliynau Maggie' am ychydig wythnosau wedi golygu caledi ariannol mawr i mi, ond roedd gwybod y byddai fy nghynilion yn para tan fy niwrnod cyflog cyntaf yn lleddfu'r pryder oedd yn dechrau cnoi.

Ar ôl derbyn y llythyr gan y bwrdd iechyd yn cadarnhau y byddai'r swydd yn dechrau ar ddydd Llun cyntaf mis Ionawr 1987, ymlaciais a mwynhau moethusrwydd rhyddid. Rai dyddiau byddwn yn cysgu tan wedi deg . . . roeddwn yn darllen nofelau trosedd . . . byddwn yn gwylio teledu yn y pnawn . . . Trwy Tony, fy mrawd, a oedd yn llawfeddyg, cefais fynediad i'r llyfrgell feddygol yn y brifysgol a threuliais amser yn darllen unrhyw beth y gallwn gael hyd iddo mewn cyfnodolion meddygol a gwyddonol am HIV ac AIDS i 'mharatoi ar gyfer yr her oedd yn fy wynebu – mi wnes i hyd yn oed wirfoddoli mwy ar linell gymorth Grŵp Cefnogaeth AIDS Glannau Mersi. Ac es allan i glybiau'r ddinas.

O'r ychydig fariau a chlybiau hoyw yn Lerpwl, Scarlett's oedd fy ffefryn. Wedi'i leoli yn seler swyddfeydd yn agos i Neuadd y Ddinas, roedd yn lleoliad croesawgar ac eitha bach llc roedd deg ar hugain o bobl fwy neu lai'n dyrfa. A dyma lle wnes i gyfarfod Jupp am y tro cyntaf – nid fy mod i wedi talu llawer o sylw iddo. Roedd o gyda Ramon, dyn pryd tywyll o Gatalonia, yr oeddwn i wedi cael fy nenu ato'n syth. Roedd criw o bump neu chwech ohonom o amgylch y bwrdd, ac wrth i'r sgwrs symud yn ôl ac ymlaen roeddwn i weithiau'n gwneud dim ond gwylio pawb; roedd yn amlwg bod gan Jupp hefyd ddiddordeb yn y gŵr o Gatalonia. Cefais sgwrs gyda'r dyn oedd yn eistedd wrth fy ochr – Peter, a dysgu ei fod yntau, Ramon a Jupp yn rhan o raglen blwyddyn gyfnewid myfyrwyr; roedd y tri'n dysgu ieithoedd eu gwledydd mewn ysgolion yn y ddinas ac yn mynd i ddosbarthiadau Saesneg efo'i gilydd i ennill y Cambridge Certificate of Proficiency. Ciliodd fy ngobeithion o weithredu ar fy atyniad at Ramon; roedd gan Jupp gyswllt dyddiol ag o a chyfleoedd nad oedd gen i.

Rai dyddiau'n ddiweddarach, ar ôl bod yn brysur am ychydig oriau ar y llinell gymorth AIDS, es i Scarlett's i gael 'hanner bach sydyn' gyda rhai o'r gwirfoddolwyr eraill oedd wedi bod yn plygu taflenni yn barod at ddiwrnod hyfforddi gwirfoddolwyr. Roedd Ramon a Jupp yno, ond wrth fyrddau gwahanol. Ar ôl i ni gael ein diodydd, aethom tuag at y bwrdd mewn alcof lle roedd Ramon fel petai'n diddanu pawb, â'i Saesneg bron yn rhugl. Gwenodd, symud i gornel yr alcof a dynodi bod lle wrth ei ochr. Roedd lle i ddau yno ac roedd tri ohonon ni; edrychodd pawb ar ei gilydd ac fe wenodd y ddau arall a dweud bod ffrindiau iddynt wrth y bar. Eisteddais wrth ochr Ramon, yn meddwl tybed a oedd . . . yn gobeithio bod . . . gen i siawns. Roedd y sgwrs yr oeddwn i wedi torri ar ei thraws yn ymwneud â chlefydau oedd yn cael eu trosglwyddo trwy ryw! Roedd un o'r dynion yn sôn am ei unig brofiad o'r 'clap', a chymaint o gywilydd oedd ganddo yn ymweld â'r meddyg. Dywedodd Ramon ei fod yn dal i wella o hepatitis-B, ac mai dyna pam roedd o'n yfed cola a ddim yn cael rhyw efo neb. Chwalwyd fy ngobeithion.

Pan adawodd y dynion oedd wrth yr un bwrdd â Jupp, fe wthiodd yntau i'r lle gwag ar y fainc wrth fy ochr; doedd dim llawer o le ac roedd ei glun yn gorffwys yn erbyn fy un i. Parhaodd y sgwrs; roedd Ramon yn sôn am daith undydd roedd o wedi'i gwneud i ogledd

Cymru – a pha mor dlws oedd ardal Llangollen – enw roedd o'n cael trafferth ei ynganu. Dywedais fy mod i'n dod o Gymru, ac os oedd o ag awydd mynd i weld yr arfordir yn y gogledd-orllewin y byddwn i'n hapus i'w dywys o amgylch. Oedd . . . mi oedd gen i gar.

'Fedri di roi lifft adra i mi?' gofynnodd Ramon.

'Dibynnu ym mha ran o'r ddinas ti'n byw,' atebais. 'Dw i'n byw wrth ymyl Parc Sefton.'

'Da i ddim i mi,' dywedodd Ramon, 'ond mae Jupp yn byw yn Parkfield Road.'

'A finna,' dywedais mewn syndod.

''Sat ti'n gallu mynd â Jupp adra felly,' dywedodd Ramon. Doeddwn i ddim yn siŵr a oedd o'n trio'n paru ni!

Dim ond ugain munud gymerodd hi i ni yrru o ganol y ddinas. Darganfûm ei fod yn Almaenwr, a finnau wedi cymryd mai o'r Iseldiroedd roedd o'n dod. Roedd ei Saesneg yn garbwl ac roedd o'n poeni na fyddai'n cael y dystysgrif Cambridge Proficiency ar ddiwedd y flwyddyn academaidd . . . a dim ond yn ddiweddar iawn roedd o wedi dod allan fel dyn hoyw; bu'n byw gyda merch yn yr Almaen am bum mlynedd ond daeth y berthynas honno i ben yn y gwanwyn a oedd newydd fod ac roedd hynny wedi'i sbarduno i wneud cais am flwyddyn dramor . . . ac roedd bod yn Lloegr, a defnyddio iaith wahanol, wedi cynnig y rhyddid iddo gydnabod o'r diwedd yr hyn yr oedd wedi'i wybod ers amser maith.

Stopiais y car iddo ryw hanner canllath cyn cyrraedd y giatiau a fu unwaith yn grand, a oedd yn arwain i'r fila Fictoraidd a fu unwaith yn grand – 26 Parkfield Road, lle roedd fy fflat un ystafell â drws yn arwain i ardd gefn lawn chwyn a thyfiant gwyllt. Wrth gael fy hun yn barod i fynd i 'ngwely pendronais ynglŷn â'r atyniad rhwng pobl – corfforol, rhywiol, ysbrydol. Yn achos Ramon roedd rhyw atyniad yn syth – chwant am wn i. Gyda Jupp doedd yna ond teimlad fy mod i am ei weld o eto. Mi oeddwn i'n drewi o fwg sigarét – roedd hyn ymhell cyn i smygu gael ei wahardd mewn mannau cyhoeddus. Eisteddais yn y bath gwag a diferion o ddŵr o'r beipen rwber nad oedd yn ffitio'r tapiau'n iawn yn rhyw esgus o gawod, a chanu – *Ich bin von Kopf bis Fuβ* . . . a gwenu wrth gofio'r frenhines drag yn meimio yn y Bar Royale oedd yn cael ei gadw gan Sadie. Dyma'r unig Almaeneg yr oeddwn i'n ei wybod . . . ond roeddwn i'n gobeithio y byddai esgus i ddysgu mwy.

Roedd Jupp ar ganol bwyta brecwast llawn pan gerddais i mewn i Keith's Wine Bar y bore wedyn. Doeddwn i heb ei weld o yno erioed o'r blaen ac fe ystyriais hyn yn arwydd ein bod i fod i gyfarfod eto.

'Mi fydd dy rydwelïau di'n cau os ti'n cael brecwast fel'na rhy aml,' dywedais gyda gwên.

'Dim ond unwaith yr wythnos . . . ar ddydd Gwener; dw i ddim yn dysgu a does gen i ddim dosbarth tan y pnawn,' atebodd. 'Tyd i eistedd efo fi.'

Y bore dydd Gwener hwnnw yn Keith's yn Lark Lane oedd dechrau'n bywyd hir efo'n gilydd – y pumed o Ragfyr 1986. Pan ddychwelodd ar ôl treulio gwyliau'r Nadolig efo'i deulu yn yr Almaen symudodd Jupp i mewn i'm 'bed-sit' cyfyng, bedair wythnos yn union ar ôl y brecwast yn Keith's.

14
Welsh Boys Too

Rwy'n un sydd yn gaeth braidd i'r cyfryngau cymdeith-asol. Bob bore rwy'n edrych ar yr 'atgofion' a heddiw roedd yna chwa o'r gorffennol, o Awstralia; mewn sylw a oedd eisoes yn ddeng mlwydd oed, roedd un o fy ffrindiau rhithiol newydd orffen darllen *Crawling Through Thorns*. Roedd wedi gwneud sylwadau hael amdano a dw i'n cofio cael fy syfrdanu braidd bod rhywun yr ochr arall i'r byd wedi darllen un o'm llyfrau. Ysgrifennu: mae'n dal yn syndod i mi fy mod i'n ysgrifennu; roedd yn ddawn od i'w chynnig i un fu'n brwydro am gyhyd i ddehongli'r llythrennau sy'n creu'r geiriau ac na ddarllenodd nofel hyd nes y bu rhaid iddo ar gyfer lefel O Saesneg.

Erbyn gwanwyn 1991 roeddwn yn dechrau teimlo fy mod wedi llosgi allan. Roeddwn wedi bod yn gweithio ym maes iechyd cyhoeddus ers pedair blynedd, yn rhan o daith wyllt yr ymgyrch i atal HIV, mewn swyddi a oedd yn galed yn gorfforol ac yn emosiynol, ond yn rhoi boddhad mawr. Am ychydig flynyddoedd, yn gweithio i Uned Hybu Iechyd un o awdurdodau iechyd lleol Lerpwl, roeddwn wedi bod yn cynnal gweithdai ar ymwyh-yddiaeth HIV ar gyfer gweithwyr proffesiynol; rhai hanner diwrnod, rhai diwrnod llawn, a hyd yn oed weithdai yn para deuddydd neu dri, gan ddibynnu pwy oedd y grwpiau: gweithwyr gofal y gwasanaethau cymdeithasol, athrawon, trefnwyr angladdau, Gwas-

anaethau Cymdeithasol Catholig, offeiriaid Esgob-
aeth Anglicanaidd Lerpwl, staff Carchar Walton,
gwasanaethau maethu a mabwysiadu . . . hyd yn oed
uwch-swyddogion nyrsio o'r holl ysbytai – rhai a ddylai
wybod yn well nag ymddiried yn yr hyn roeddynt yn ei
ddarllen yn y *Daily Mail*, y *Sun* a'r *Daily Mirror*. Roedd
yr hysteria ynglŷn ag AIDS, a oedd wedi'i gorddi gan y
wasg boblogaidd ym Mhrydain, wedi gadael llawer yn
ofnus ac ansicr. Roedd trefnwyr angladdau yn gwrthod
cynnig eu gwasanaeth i deuluoedd mewn galar a oedd
wedi colli anwyliaid yn sgil AIDS; roedd penaethiaid
ysgolion yn mynnu sicrwydd y byddent yn cael gwybod
os oedd plentyn haemoffilaidd yn eu hysgol ag HIV –
' . . . ond be am eich athrawon sydd yn cael rhyw . . . neu
hyd yn oed y disgyblion hynaf?' holais. 'Ydach chi isio
gwbod eu statws nhw?'; roedd gweithwyr cymorth yn y
cartref yn gwrthod mynd i gartrefi pobl oedd ag AIDS;
roedd offeiriaid yn gwrthod cymun i bobl roeddynt yn
eu hamau o fod wedi'u heintio; penderfynodd ysbytai
Lerpwl y byddai pob 'dioddefwr AIDS' yn cael gofal yn
yr Uned Clefydau Heintus yn Ysbyty Fazakerley, heb
ystyried y posibilrwydd – y tebygolrwydd hyd yn oed –
bod yna rai ymysg aelodau staff a chleifion pob ysbyty
ar unrhyw adeg yn cario HIV heb ddangos symptomau.
Dros gyfnod o ugain mis, o fis Mawrth 1987, trwy
gyfrwng hyd at bedwar gweithdy'r wythnos â hyd at ddeg
ar hugain ym mhob gweithdy, cynorthwywyd mwy na
phedair mil o bobl i anghofio'r straeon ffug roeddynt yn
eu credu ac i ddeall rhai ffeithiau sylfaenol. Cawsant eu
herio i sylweddoli – ac i gredu – y byddent mor ddiogel
â'u 'harfer da' eu hunain, beth bynnag oedd eu gwaith

– oherwydd yng nghwrs gwaith bob dydd y rhan fwyaf ohonom does neb yn 'caniatáu' i eraill waedu i'n briwiau agored ni, a beth bynnag fo'n dewisiadau personol, byddai unrhyw ryw heb ddiogelwch yn digwydd fel arfer, gobeithio, oherwydd bod pawb yn gytûn.

Ac yna cefais fy symud o'r Uned Hybu Iechyd. Penderfynodd cyfarwyddwr yr Adran Iechyd Cymunedol, a oedd yn aml wedi mynd i'r drafferth o gysylltu efo fi'n bersonol a chanmol y gwaith roeddwn yn ei wneud, y dylwn weithio dan reolaeth uniongyrchol un o'i rheolwyr cyffredinol; byddem yn sefydlu gwasanaeth newydd i atal HIV gan weithio'n uniongyrchol gyda rhai oedd yn defnyddio cyffuriau trwy nodwyddau, y timau cyffuriau cymunedol, y gwasanaethau iechyd rhyw a'r puteiniaid oedd yn gweithio ar y Liverpool Dock Road, ac fe fyddem yn arwain ymgyrch i hyrwyddo rhyw mwy diogel ar gyfer pobl ifanc a oedd yn weithgar yn rhywiol, yn syth a hoyw. Byddai'r gwasanaeth newydd hefyd yn cael ei ariannu gan y cyllid oedd wedi'i neilltuo ar gyfer atal HIV gan lywodraeth Thatcher; roedd gen i gyllideb o gannoedd o filoedd ac roedd fy nghyflog yn cael ei ddyblu, bron.

Roeddem yn dîm o ddau, Glenys Marriott a finnau; roedd y ddau ohonom yn cyd-dynnu'n dda, ein sgiliau, ein gwybodaeth a'n profiad yn atgyfnerthu'i gilydd, ac roedd y ddau ohonom yn fodlon gwneud penderfyniadau a oedd 'yn iawn ar y pryd', hyd yn oed os oedd hynny'n golygu bod yn eithaf mentrus. O fewn chwe mis roedd Glenys, a oedd wedi dilyn gyrfa fel swyddog heddlu ac fel gweithiwr cymdeithasol cyn symud i faes iechyd cyhoeddus, wedi sefydlu dau Dîm Cyffuriau

Cymunedol – yn Kirkby ac yn Walton, gan ychwanegu at waith y tîm presennol yn Waterloo a'i ehangu, ac roedd dau gant yn ychwanegol o rai caeth i heroin â'u bywydau heb unrhyw drefn yn cael eu cwnsela ac yn derbyn methadon. Roeddwn i wedi cyflogi chwe gweithiwr maes i weithio mewn parau yn y tair ardal: ar y strydoedd ac yn y tafarndai, y clybiau, y parciau a'r arosfannau bws, i annog defnyddwyr cyffuriau i ddefnyddio'r gwasanaeth-au newydd, i ddarparu gwasanaeth cyfnewid nodwyddau a chwistrelli i'r rhai nad oeddynt eto'n fodlon neu'n barod i ymuno â'r gwasanaeth rhagnodi methadon, i gynnig cyngor ynglŷn â rhyw diogel a chondomau i'r gweithwyr rhyw, ac i ddarparu mynediad cyflym i'r clinig iechyd rhyw pan fyddai angen, ac i gydgysylltu ag arweinwyr cymunedol, er mwyn eu cynorthwyo i ddeall y syniad o Leihau Niwed fel dull o rwystro lledaeniad HIV.

Yn yr ardaloedd ar gyrion dinas Lerpwl doedd yna ddim clybiau a thafarndai hoyw i fod yn ganolbwynt i'r gwaith gyda dynion hoyw, ond roedd yna nifer o fannau cyhoeddus lle roedd dynion yn cyfarfod i gael rhyw achlysurol a chymharol anhysbys gyda dynion eraill. Yn aml roeddynt yn ddynion priod gyda theuluoedd, ac yn ddynion nad oeddynt yn hunanuniaethu fel dynion hoyw nac â dealltwriaeth eu bod yn hoyw, ac yn jargon y byd hyrwyddo iechyd cyhoeddus cyfeirid atynt fel 'dynion sydd yn cael rhyw efo dynion' er mwyn gwahaniaethu rhyngddynt a dynion hoyw, gan fod eu hanghenion iechyd cyhoeddus yn wahanol. Ar ôl trafod gyda'r heddlu, a oedd yn aml wedi defnyddio 'plismyn pert' – swyddogion ifanc golygus – i rwydo dynion mewn mannu cyhoeddus felly, datblygodd eu dealltwriaeth o'r gwaith i atal HIV yn gyflym a chawsom ein sicrhau y gallai'r timau maes weithio heb ymyrraeth yr heddlu, os nad oedd yna gŵynion penodol am ddynion yn gofyn am ryw. Yn yr achosion hynny fe fyddent yn ymyrryd.

Byddai'r timau maes yn rhoi condomau i unrhyw un oedd eisiau rhai. Rwyf wedi dweud erioed nad oes yna ffasiwn beth â 'condom rhad ac am ddim' – roedd yn rhaid i rywun eu prynu! Ar ei huchaf roedd fy nghyllideb ar gyfer condomau yn £55,000 y flwyddyn, arwydd o faint o ymddygiad rhywiol a allai fod yn beryglus a oedd yn digwydd yn ein cymunedau.

Nid oedd yr egwyddor o Leihau Niwed ac Iselhau Risg yn un a oedd yn cael ei derbyn yn ddiwrthwynebiad. Yn ystod cyfarfod cyhoeddus i esbonio pam yr oeddwn i a Glenys wedi penderfynu agor 'siop hybu iechyd' ar Stanley Road yn Bootle, cefais fy mygwth. Roeddwn wedi cyflogi dau berson ychwanegol i weithio yn y ganolfan galw heibio newydd, lle roedd yn bosib cyfnewid nodwyddau a chwistrelli, a lle gallai'r rhai oedd yn chwistrellu cyffuriau gael cyngor ar fannau diogel i wneud hynny, a hyd yn oed gael eu cyfeirio i'r ganolfan adferiad leol os oeddynt yn teimlo'n barod i wynebu'r her o fynd yn lân. Roedd yn lle diogel lle y gallai puteiniaid o'r Dock Road gael paned, casglu condomau ac, os oedd angen, gael eu cyfeirio yn syth at y gwasanaethau iechyd rhywiol. Yn ystod sesiwn holi ac ateb fywiog cefais fy herio gan weinidog efengylaidd lleol, a oedd, rywsut, yn gwybod rhywfaint o'm hanes gyda'r gaplaniaeth. Roedd am wybod pam fy mod yn helpu'r ffasiwn bobl – 'helping such satanic scum in their depravity' oedd ei eiriau.

Er fy mod yn gwneud cryn ymdrech i osgoi iaith a chysyniadau Cristnogol yn fy rôl seciwlar, clywais fy hun yn dweud, 'Oherwydd fy mod yn gweld yn wynebau pob un ohonynt wyneb Crist. Ac mae'r hyn rydym yn ei gynnig yn gerrig sarn tuag at adfer eu hunan-barch a'u hymdeimlad eu bod o werth.'

Roedd yna gryn wrthwynebiad i'n gwaith yn Bootle, ac aelodau o'r gymuned yn credu y byddai'r fath wasanaeth yn denu 'pobl annerbyniol' o rannau eraill o'r ddinas. Nid oedd y gwrthwynebwyr yn fodlon gwrando wrth i mi esbonio bod y timau oedd yn gweithio yn y maes wedi casglu digon o dystiolaeth o lefelau uchel o ddefnyddio cyffuriau gan drigolion Bootle, digon i gyfiawnhau sefydlu'r ganolfan galw heibio – ac awgrymodd un o'r trigolion a oedd wedi gwylltio y dylwn fod yn wyliadwrus . . . y gallai 'diwedd treisgar' ddod i'm rhan yn fuan. Felly daeth ofn yn rhan o 'mywyd bob dydd am ychydig – nes i bolisi drws agored y ganolfan, yr ymweliadau mynych gan arweinwyr y gymuned, a chyfeillgarwch ac anwyldeb y staff yr oeddwn wedi'u cyflogi, dawelu'r pryderon a oedd wedi cael eu mynegi mor danbaid.

Yn ystod y blynyddoedd hyn, yn niwedd y 1980au, roedd yna gryn ad-drefnu yn digwydd i wasanaethau iechyd Lerpwl, ac erbyn 1991 roedd holl wasanaethau iechyd yr ardal i gael eu huno. Cymerais fantais o'r ad-drefnu hwnnw i beidio â cheisio symud yn fy mlaen yn broffesiynol oddi fewn i'r gwasanaeth newydd. Roeddwn wedi blino . . . roedd gwleidyddiaeth fewnol canol y ddinas, yn enwedig ym maes ymdrin â chyffuriau, yn fy mrawychu . . . roeddwn yn dal yn wyliadwrus wrth barcio fy nghar, yn arbennig yn y nos, a phan fyddwn yn caniatáu i mi fy hun feddwl o ddifri am y gwaith rheoli yr oeddwn wedi llithro iddo, gwelwn nad oeddwn ar y cyfan yn mwynhau fy ngwaith o ddydd i ddydd.

Roedd mynychu Eglwys St Margaret's yn rheolaidd yn ystod y cyfnod hwn wedi bod yn gynhaliaeth, ac mae'n debygol ei fod yn gwneud cyfraniad pwysig at fy ngallu i fod yn dawel fy natur yn fy ngwaith, a hynny'n aml mewn sefyllfaoedd anodd a oedd yn gofyn am benderfyniadau anodd. Roedd fy ymarweddiad tawel yn rhywbeth y byddai fy nghyd-weithwyr yn sylwi arno. Ddylwn i ddim diystyru'r cydbwysedd a'r boddhad roedd Jupp yn ei gyfrannu i'm bywyd chwaith. Yn yr eglwys, cefais fy annog gan y Tad Colin i gael fy nghonffirmio yn y traddodiad Anglicanaidd – roedd sawl aelod o'r gynull-eidfa wedi awgrymu wrtho y gallwn wneud rhyw waith gweinidogaethol lleyg, ac un noson a ninnau'n cael peint yn Scarlett's esboniodd na allai ddefnyddio fy noniau bugeiliol yn Eglwys St Margaret's oni bai fy mod yn dod yn Anglican. Felly cefais fy nghonffirmio, a hyfforddais i fod yn Ddarllenydd, ac ar ôl derbyn trwydded gan yr Esgob roeddwn yn fuan yn pregethu'n rheolaidd.

Yn sgil y gwaith ymwybyddiaeth HIV roeddwn wedi'i wneud dros gyfnod o chwe mis gyda holl offeiriaid Esgobaeth Anglicanaidd Lerpwl, cefais wahoddiad i fod yn ymgynghorydd ar HIV ac AIDS i'r Esgob David Sheppard. Ond am ryw reswm, na allai neb ei esbonio i mi, roedd yr Esgob yn teimlo bod rhaid iddo gael gwybod fy statws HIV cyn cadarnhau fy mhenodiad. Roedd yn ddigon i wneud i mi anobeithio, oherwydd onid oeddwn i wedi pwysleisio, ym mhob gweithdy roeddwn i wedi'i gynnal yn yr Esgobaeth a mannau eraill, bod statws HIV unigolyn yn wybodaeth gyfrinachol nad oedd gan neb yr hawl i ofyn amdani – gwybodaeth nad oedd yn angenrheidiol i neb arall 'i gadw'u hunain yn ddiogel'. Fy ymateb i'r Esgob oedd nad oedd fy statws HIV yn rhywbeth yr oeddwn yn fodlon ei rannu efo fo.

Penodwyd Dr Paul Neener, llawfeddyg cyn iddo fynd yn offeiriad, yn ymgynghorydd yr Esgob ar AIDS. Mi oeddwn i a Paul yn adnabod ein gilydd – fo oedd un o'm mentoriaid pan oeddwn yn cael fy hyfforddi i fod yn Ddarllenydd. Nid oedd o'n hollol hapus efo'r ffaith bod yr Esgob wedi fy ngwthio o'r neilltu a chyn ei gyfarfodydd efo'r Esgob Sheppard, byddai'n fy ngwadd i gael cinio neu swper er mwyn i ni gael golwg ar yr agenda roedd yr Esgob wedi'i gosod ar gyfer y cyfarfod nesaf a thrafod unrhyw faterion newydd a oedd fel pe baent yn ymddangos trwy'r adeg fel y datblygai stori trychineb AIDS.

Yng ngwanwyn 1991 dechreuais edrych am swydd newydd. Roedd Jupp wedi dweud y byddai'n fodlon symud o Lerpwl er gwaetha'r ffaith ei fod newydd sicrhau penodiad llawn-amser yn darlithio ym Mhrifysgol John Moores, ac fe welais gyfle diddorol yng Nghymru – yn arwain prosiect hyrwyddo iechyd rhywiol gyda'r gwasanaethau iechyd cymunedol yn y gogledd-ddwyrain. Gan ei bod wedi'i lleoli yn yr Wyddgrug, golygai'r swydd newydd y gallwn i gymudo ac y gallai Jupp barhau â'i yrfa academaidd yn yr Adran Ieithoedd Modern . . . a phetai'r cymudo'n profi'n ormod efallai y gallem symud i Benrhyn Cilgwri.

Ar bapur roedd y swydd yn edrych yn hynod ddifyr. Roedd cymaint o ymdrech yn cael ei roi i waith hybu iechyd a oedd ond yn canolbwyntio ar wella sgiliau personol unigolion, er mwyn eu galluogi i wneud dewisiadau a fyddai'n eu cadw'n iach, heb gyfeirio o gwbl at bolisïau cyhoeddus y dydd na'r gymuned a'r amgylchedd roedd yr unigolyn yn byw ynddynt. Enghraifft o hyn oedd y gwaith roeddwn wedi'i wneud gydag Adran Addysg yr Awdurdod Lleol yng ngogledd Lerpwl. Yno roeddwn wedi gwneud ymdrech i alluogi athrawon i addysgu ynglŷn â rhyw mwy diogel mewn sefyllfa lle roedd polisi addysg y llywodraeth yn gwahardd addysgu ynglŷn â chyfunrhywiaeth yn sgil Cymal 28 o Ddeddf Llywodraeth Leol 1988. Ac roedd polisïau addysg rhyw ysgolion unigol hefyd yn cyfyngu ar allu athrawon i ymateb i wir bryderon ac anghenion disgyblion a'u hangen i arbrofi â'u hymddygiad rhywiol mewn ffordd ddiogel. Roedd y swydd hon yng Nghymru yn cydnabod yn glir bod cynorthwyo i ddatblygu polisi cyhoeddus iach, a chynorthwyo i greu amgylchfyd cynhaliol lle y gallai unigolion ddewis ffyrdd iachach o ymddwyn, yn rhan annatod o'r gwaith, ac roedd hynny'n ennyn fy mrwdfrydedd.

Cefais gais i ddod i gael cyfweliad, ond cyn mynychu gofynnais am gyfarfod gyda Chyfarwyddwr Iechyd Cyhoeddus Awdurdod Iechyd Clwyd (awdurdod a oedd ym misoedd olaf ei fodolaeth oherwydd ad-drefnu gwasanaethau iechyd ledled Cymru). Roeddwn eisiau gwybod mwy am y gwaith o 'fesur angen' oedd wedi'i wneud a arweiniodd at ddisgrifiad swydd mor uchelgeisiol – ynteu ai dim ond breuddwyd gwrach oedd yr hyn oedd ar bapur? Roedd y Cyfarwyddwr yn agosáu at oed ymddeol, ac o fewn munudau yn ei gwmni yn ei swyddfa cefais y teimlad ei fod eisoes ddim ond un cam oddi wrth y drws. Esboniodd fod yr arian ar gyfer y swydd yn dod o'r un ffynhonnell a oedd wedi'i neilltuo ar gyfer fy ngwaith yn Lerpwl, gan ychwanegu, 'ond yma yng ngogledd Cymru 'dan ni ddim yn debygol o weld llawer o'r AIDS 'na, felly 'dan ni wedi'i gwneud hi'n swydd iechyd rhywiol cyffredinol.'

'Felly – oes ganddoch chi unrhyw syniad clir am weithgaredd gweithwyr rhyw yn yr ardal . . . ydi'r rhan fwyaf ohono fo ar y stryd efo *kerb crawlers*?'

'Puteiniaid 'dach chi'n feddwl?'

'Ia, yn Lerpwl mi oedd fy ngweithwyr maes yn gwneud llawer o'u gwaith yn y maes rhyw diogel efo gweithwyr rhyw.'

'Falla bod 'na rai . . . fyny'n Rhyl,' dywedodd gan chwifio'i law yn ddiystyriol.

'Ocê . . . a beth am raddfeydd beichiogrwydd oedd heb ei ddymuno ac erthyliad?'

'Tydi'r awdurdod ddim yn gwneud erthyliadau,' dywedodd. 'Mae'r genod ifanc sydd ddigon diofal i gael eu hunain yn disgwyl yn mynd i Lerpwl trwy'r Brook Advisory Service i glinig preifat er, wrth gwrs, maen nhw'n ein cael ni i dalu; mae o'n costio lot o bres i ni.'

Roedd yn ymddangos yn anghyfforddus – ond doeddwn i ddim yn siŵr a oedd ganddo gywilydd o'i ddiffyg gwybodaeth fanwl ynteu dim ond teimlo'n annifyr yn siarad am ryw oedd o.

'Heintiau sy'n cael eu trosglwyddo'n rhywiol? *STIs*? Unrhyw glystyrau neu grwpiau penodol?' gofynnais.

'Mwya tebyg bod yna amrywiaeth tymhorol, ohcrwydd twristiaid ar yr arfordir?'

'Mi fydda'n rhai i chi siarad efo'r meddygon yn GUM,' dywedodd.

Ystyriais a oedd diben parhau gyda'm rhestr cwestiynau ond cyn ei ddiystyru fel gwastraff amser a rhoi'r swydd-ddisgrifiad a oedd wedi apelio cymaint ataf yn y bin, mentrais un arall.

'Be ydach chi'n wbod am anghenion iechyd rhywiol dynion hoyw yn yr ardal?'

'Does 'na ddim o'r rheini yma,' dywedodd gan blethu'i ddwylo a chochi.

'Dim dynion hoyw? Yn Wrecsam? Ym Mhrestatyn? Go iawn?'

'Tydi cyfunrhywiaeth ddim yn rhywbeth sy'n effeithio ar ddynion Cymru.'

Edrychais i fyw ei lygaid ond trodd oddi wrtha i.

'Wn i ddim be i ddeud yn ymateb i hynna. Mae cyfunrhywiaeth yn amlwg yn rhan o fyd hogia Cymru hefyd, a ddeud gwir dw i'n ei chael yn anodd credu eich bod chi newydd ddeud rhywbeth mor hurt.'

Gwasgodd ei ddwy law at ei gilydd eto heb edrych arnaf. Diolchais iddo am ei amser, ac wrth i mi godi i fynd dywedais, 'Ydach chi wir yn deud wrtha i petawn i'n derbyn y swydd yma mai fi fyddai'r unig ddyn hoyw yng ngogledd-ddwyrain Cymru?' Roeddwn yn ceisio ennyn ymateb ond ni chymerodd unrhyw sylw. Roeddwn wedi gyrru am fwy nag awr ar gyfer cyfarfod a oedd wedi dod i ben mewn llai na deg munud, ac mi oeddwn i'n teimlo'n siomedig bod y disgrifiad swydd bellach yn ymddangos fel petai'n ddim mwy na breuddwyd.

Ar ôl i mi ddychwelyd i Lerpwl, cafodd Jupp a finnau sgwrs hir. Perswadiodd fi i fynd i'r cyfweliad . . . fe wnaeth hyd yn oed fy mherswadio y byddai gweithio mewn awyrgylch a oedd yn ymddangos mor wrthwynebus i bobl hoyw yn her wahanol iawn i'r her yn Lerpwl.

Cynigwyd y swydd i mi.

Treuliais fy misoedd cyntaf fel rheolwr newydd y rhaglen iechyd rhywiol yng ngogledd-ddwyrain Cymru yn asesu'r angen am y gwasanaeth a chyfarfûm â dwy ddynes ryfeddol – Dr Linda Egdell, a oedd yn arwain y Gwasanaeth Cynllunio Teulu, a Dr Olwen Williams, yr Ymgynghorydd mewn Meddygaeth Genhedlol-Wrinol. Perswadiais fy rheolwr llinell y dylai'r ddwy ymuno â fi i greu Grŵp Cynghori ar gyfer cyfnod datblygu fy swydd dros y misoedd nesaf. Roedd yn braf iawn cael y ddwy ohonynt yn cyfrannu at y gwaith; nid oedd angen perswadio'r un o'r ddwy am werth gweithio i Leihau Niwed ac roedd gan y ddwy, fel meddygon hŷn, fynediad a dylanwad na allwn i, rhywun nad oedd yn weithiwr meddygol, ond dychmygu ei gael . . . ac roedd ganddynt gysylltiadau; cefais gyfarfod criw bach o famau sengl yn eu harddegau, a llawer o ddynion ifanc hoyw oedd â straeon a oedd yn fy nhristáu ac yn fy ysbrydoli. Fe wnaethant hefyd rannu llawer o dystiolaeth anecdotaidd am grŵp o ddynion, canol oed ar y cyfan, y rhan fwyaf ohonynt yn briod, a oedd yn cyfarfod yn Tinkersdale i gael rhyw . . . a'r 'plismyn pert' a oedd yn aml yn ceisio'u rhwydo. Wrth i mi ymchwilio mwy i hanesion Tinkersdale, yng Nghoed Penarlâg, y daeth y Dr Dafydd Alun Jones yn ôl yn rhan o'm bywyd am gyfnod byr.

Gyda chymorth y Cyfarwyddwr Iechyd Cyhoeddus a oedd newydd ei phenodi, y Dr Sandra Payne, trefnwyd cyfarfod gydag uwch-swyddogion heddlu i drafod plismona safleoedd lle roedd dynion yn cyfarfod i gael rhyw gyda dynion eraill. Roedd Sandra Payne wedi mynychu un o'r cyfarfodydd roeddwn yn eu cynnal yn rheolaidd gydag Olwen Williams a Linda Egdell, ac roedd hi'n awyddus i weld a fyddai'r heddlu yn gwrando ar ddadleuon Lleihau Niwed a chyd-weld i weithredu dull llai ymosodol o blismona a allai gynnig cyfleoedd i hybu iechyd ac addysgu am ryw mwy diogel.

Y pnawn hwnnw daeth tri uwch-swyddog o'r heddlu i ganolfan yr Adran Iechyd Cyhoeddus yn yr Wyddgrug – ynghyd â'u 'hymgynghorydd meddygol'. Sandra Payne agorodd y drafodaeth, gan gyflwyno achos clir a thrwyadl dros fabwysiadu'r egwyddor o Leihau Niwed yn y gwaith gyda dynion sydd yn cael rhyw gyda dynion eraill mewn lleoedd cyhoeddus. Nododd enghreifftiau o waith a wnaed mewn mannau eraill ym Mhrydain (gan gynnwys gwaith fy nhîm i yn Lerpwl) lle roedd plismona ymosodol gan gynnwys 'rhwydo' wedi cael ei ddisodli gan agwedd hybu iechyd, a hynny yn aml wedi lleihau'r achosion o'r fath ymddygiad yn gyhoeddus gan fod posib cyfeirio'r dynion i le mwy diogel megis sawna.

Roedd y Dr Dafydd Alun Jones wedi bod yn aflonydd trwy gydol cyflwyniad y Dr Payne, a phan eisteddodd hi i lawr dechreuodd sôn am y 'gwaith adferiad' roedd o'n ei wneud gyda dynion roedd yr heddlu wedi'u harestio. Roedd ei stori hyd yn oed yn cynnwys adrodd am dreulio noswaith yng nghwmni swyddog o'r heddlu mewn cuddfan yn nho toiledau cyhoeddus yn gwylio trwy dwll yn y nenfwd wrth i ddynion gael rhyw â'i gilydd. Daeth y cyfarfod i ben yn ddisymwth wrth i'r prif swyddog heddlu ddweud na fyddent yn newid eu polisïau plismona ac y byddent yn parhau i gyfeirio'r dynion oedd yn cael eu harestio i ofal y Dr D A Jones. Roeddwn i wedi bod yn ddistaw drwy gydol y cyfarfod; distawrwydd y mae gen i gywilydd ohono hyd heddiw. Dim ond pan benodwyd Prif Gwnstabl newydd yn niwedd y 1990au, ac y daeth Jack Straw yn Ysgrifennydd Gwladol yn llywodraeth gyntaf Blair, y gwnaeth agwedd yr heddlu tuag at ddynion hoyw (a dynion sydd yn cael rhyw â dynion) ddechrau lliniaru yng ngogledd Cymru. Yn 1999 dewiswyd fi'n gadeirydd y grŵp cyswllt LGB/ Heddlu cyntaf yng ngogledd Cymru.

Yng Ngwasanaeth Addysg Clwyd cyfarfûm â Sylvia Jones, Uwch-swyddog Addysg oedd â'r cyfrifoldeb am hyfforddiant mewn swydd ar gyfer athrawon. Roedd Sylvia'n ffeminist radicalaidd lesbiaidd a oedd wedi bod â rhan flaenllaw yn y protestiadau yn erbyn cyflwyno Cymal 28 o Ddeddf Llywodraeth Leol 1988, ac a oedd yn gryf o blaid addysg rhyw mewn ysgolion a oedd yn onest a chynhwysol (yng nghyd-destun cyfunrhywiaeth). Roedd hi'n chwa o awyr iach, ac ar ôl dim ond ychydig gyfarfodydd roedd y posibilrwydd yn datblygu o greu rhaglen waith ar gyfer hyfforddiant athrawon. Ac fe gyflwynodd Sylvia fi i'w chwaeroliaeth o lesbiaid radicalaidd, carfan nad oedd eu hanghenion iechyd (gan gynnwys iechyd rhywiol) prin yn cael eu hystyried.

Wrth i mi ddod i adnabod Linda Egdell, Olwcn Williams, Sandra Payne a Sylvia Jones, sylweddolais fod gan bob un o'r menywod anhygoel hyn rwydweithiau a oedd yn dylanwadu ar y farn gyhoeddus yng Nghymru – efallai ddim ond mewn ffyrdd bychain – ond roedd ganddynt ddylanwad. Wrth feddwl am y pedair yma, ochr yn ochr â'r bwriad a oedd wedi'i fabwysiadu'n genedlaethol gan Hybu Iechyd Cymru i greu polisi cyhocddus iach a chreu amgylchedd cefnogol lle y gallai unigolion ddewis ymddygiad a ffordd o fyw iachach, dechreuais ysgrifennu ffuglen am fywydau dynion hoyw yng Nghymru – straeon byrion wedi'u seilio ar hanesion roeddwn wedi'u clywed . . . hanesion a oedd i raddau helaeth yn gudd: a heb straeon mae pobl wedi'u caethiwo mewn distawrwydd. Cyhoeddwyd fy nghasgliad cyntaf o straeon byrion yn 2000, a'i deitl: *Welsh Boys Too*. Er ei bod yn gyfrol fain, enillodd y statws 'Honor Book' yng Ngwobrau Llyfrau Stonewall 2002 yr American Library Association. Ymddangosodd *Fishboys of Vernazza*, cyfrol arall o straeon, yr un mor fain, yn 2003, ac roedd ar restr fer Llyfr y Flwyddyn. Ymddangosodd *With Angels and Furies*, fy nofel gyntaf, yn 2005, ac ar noson o eira ym mis Tachwedd 2008, lansiwyd ail nofel, *Crawling Through Thorns*, yn Llyfrgell Dinbych, filltir yn unig o'r hen seilam.

Sgwennu. Mae'n ddawn ryfedd i fod wedi'i chynnig i ddyn a fu'n stryffaglu i ddarllen.

15
WDR4: Penny Lane

Mae'r Beatles yn ein deffro, yn canu 'Penny Lane'.

Roedd Colin Oxenforth wedi bod yn amyneddgar efo fi. Roedd y gynulleidfa yn Eglwys St Margaret's ar Princes Road yn gymysgedd diddorol o boblogaeth Toxteth yn y cyfnod wedi'r cythrwfl: gwragedd mewn oed mewn 'twin-sets' a pherlau, teuluoedd o bobl dduon, myfyrwyr prifysgol a rhai pobl wyn broffesiynol, y rhan fwyaf ohonynt yn ddynion hoyw. Dan ofalaeth David Sheppard, roedd yr Esgobaeth wedi dod yn hafan i offeiriaid hoyw, ac er bod llawer yn cuddio tu ôl i ddrws y closet, roedd rhai yn onest ond yn 'ofalus' . . . er, mi oedd Colin yn mentro'n agos iawn at fod yn hollol agored ac roedd i'w weld yn aml yn Scarlett's neu Sadie's. Mi oeddwn i wedi bod yn Ddarllenydd ers tua blwyddyn pan glywais y sibrydion y byddwn i'n gwneud offeiriad da.

'Ond mi ydw i'n byw bywyd agored hoyw gyda Jupp,' dywedais wrth Colin, nid fod angen dweud wrtho gan iddo fod acw sawl gwaith am swper.

'Ond dwyt ti ddim yn gorfodi pobl i wynebu'r ffaith dy fod yn hoyw,' dywedodd Colin.

'Mater o farn . . . ac o'r holl offeiriaid hoyw wn i amdanynt yn y ddinas 'ma, wn i ddim am un sy'n byw yn agored gyda dyn arall.'

'Falla 'sat ti'n synnu; fe all cyplau beidio bod yn amlwg, heb dwyllo a chuddio'n bwrpasol.'

'Ocê . . . Gen i ddigon o ddealltwriaeth o'r syniad o "alwad" i gymryd yr hyn ti'n ddeud o ddifri, ond —'

'Pam na ei di i gael sgwrs efo'r Cyfarwyddwr Ymgeis-wyr?'

'Dw i ddim yn fodlon neidio trwy gylchoedd ar gyfer yr Eglwys a byw dau fywyd, Colin; mae Jupp yn rhy bwysig i mi ei guddio – a wna i ddim gwadu ei fod yn gymar i mi . . . a dw i'n gwbod pa mor ddinistriol ydi byw celwydd – dw i wedi gwneud hynny. Os ydw i'n cael fy ngalw i fynd i'r offeiriadaeth, "offeiriadaeth yr holl gredinwyr" fydd hi.'

'Jest cer i siarad efo fo am hanner awr . . . fyddet ti ddim yn ymrwymo i ddim byd ac efallai y teimli di'n wahanol ar ôl clywed yr hyn sydd ganddo fo i'w ddweud.'

Doedd y lle y gwnes i gyfarfod y Cyfarwyddwr Ymgeis-wyr ddim ymhell o Penny Lane. Roedd y cylchoedd a osododd o 'mlaen – cylchoedd roedd disgwyl i mi neidio trwyddynt – yn rhai nad oeddwn yn fodlon eu derbyn.

'Os oes rhaid i mi ddweud celwydd er mwyn gwasanaethu'r Eglwys, efallai nad ydi'r Eglwys werth ei gwasanaethu,' dywedais.

'Ond beth os yw dy alwad yn wir alwad?' gofynnodd.

'Does dim rhaid i mi ddweud celwydd er mwyn gwasanaethu Duw.'

O fewn ychydig fisoedd ar ôl i mi ddechrau ar y swydd newydd yng Nghymru, ym 1991, fe symudodd y ddau ohonom i fyw yn Little Neston – ychydig dros y ffin yn Swydd Caer. Roedd Esgob Caer yn adnabyddus am ei ddehongliad 'Beiblaidd' o gyfunrhywiaeth a gwrthododd roi ei fendith ar drosglwyddo fy nhrwydded Darllenydd i eglwys y plwyf yn Neston . . . ac felly, wedi 'nhrechu gan homoffobia sefydliadol yr Eglwys – ac yn dechrau teimlo na fyddwn byth yn cael fy llwyr dderbyn oddi fewn i'w muriau – dechreuais ymbellhau am yr eildro oddi wrth yr 'Eglwys'. Daeth dyddiau Sul yn ddyddiau hamdden, cyfle i adnewyddu corff ac enaid: darganfu Jupp a finnau ein bod yn mwynhau cerdded . . . aethom i gerdded o'r Pier Head yn Lerpwl ar hyd y gamlas i Leeds . . . a dilyn llwybr Wainwright o St Bees Head i Robin Hood's Bay . . . buom yn cerdded ar hyd Clawdd Offa – ac yna dal ati o amgylch Cymru ar Lwybr yr Arfordir.

Roeddwn yn gweld colli'r defodau, y Litani a'r Cymun . . . ond nid am yn hir! Weithiau, pan oeddwn wedi bod yn gweithio'n hwyr, efallai yn mynychu cyfarfod llywodraethwyr ysgol yn un o drefi'r arfordir, byddwn yn ymuno yng Nghanu'r Gosber yn Eglwys Gadeiriol Llanelwy, ac unwaith neu ddwy y flwyddyn – gan lynu at fy ngwreiddiau Calfinaidd – byddwn yn derbyn y Cymun. Pan mae pobl yn gofyn a ydw i'n 'grefyddol' dw i'n ateb nad ydw i . . . ond mae fy ffydd wedi parhau'n gryf ac wedi aeddfedu wrth i fy ngwallt fritho.

16
Mordkommission Istanbul

Fe brynodd Jupp a finnau deledu yn fuan ar ôl symud i'r Almaen oherwydd ein bod yn credu y byddai'n fy helpu i ddysgu Almaeneg. Mae wedi ateb ei ddiben. Mae'n 'deledu clefar' ac mae posib gwylio miloedd o raglenni o archifau'r prif sianeli trwy'r rhyngrwyd. Mae gwylio rhaglenni dogfen – rhaglenni natur neu raglenni taith yn aml, lle mae'r sylwebaeth yn glir a fymryn yn arafach na deialog dramâu neu sgyrsiau – wedi gwella fy sgiliau gwrando a datblygu fy nealltwriaeth oddefol. Y cyfan sydd angen i mi ei wneud rŵan yw siarad mwy o'r iaith.

Ym Mhrydain, cyn i'n teledu ffrwydro, byddem yn dod adref o'r gwaith ac yn eistedd o flaen y bocs tan yn hwyr yn y nos – hyd at ddeg awr ar hugain yr wythnos! Gan ein bod yn sylweddoli ein bod yn gaeth i'r peth fe benderfynwyd peidio prynu un arall i gymryd lle'r teledu marw, a buom bron i dri degawd heb deledu. Darganfu Jupp bleserau chwarae Bridge (rhywbeth arall mae'n bosib mynd yn gaeth iddo), dechreuais innau ysgrifennu (dibyniaeth arall?), ac roedd y ddau ohonom yn darllen llawer ac yn wrandawyr Radio 4 brwdfrydig. Ond nid oedd hyd yn oed deng mlynedd ar hugain o ddirwest teledu yn ddigon i'n rhyddhau o'r arfer o wylio diddiwedd. Rydw i'n cyfiawnhau treulio tair neu bedair awr o flaen y sgrin ar y wal trwy berswadio fy hun fy mod yn dysgu'r iaith . . . ac ar yr un pryd rwy'n gweu sanau gwlân (mae'r gaeafau'n oer yma) sy'n brawf pellach nad ydw i'n gwastraffu amser.

Mordkommission Istanbul yw fy hoff *Krimi – Midsomer Murders* – yn yr Istanbwl gyfoes lle mae pawb yn siarad Almaeneg (hurt bost go iawn!). Yr actor Twrcaidd-Almaenaidd Erol Sander (a anwyd yn ʺNhwrci dan yr enw Urçun Salihoğlu, ond sydd wedi ei fagu yn yr Almaen) yw'r Arolygydd Mehmet Özakin, sydd bob tro'n gwisgo crys gwyn glân a siwt dywyll smart. Mae'n bishyn o ŵr bonheddig . . . ac ym mhob pennod cawn ei weld heb ei grys. Hon yw un o'r ychydig ddramâu y gallaf ei dilyn – efallai oherwydd mai'r brif gynulleidfa yw'r tair miliwn o Dwrciaid sy'n byw yma, felly mae'r deialog yn glir, yn eithaf araf heb swnio'n ffals, ac yn llai tafodieithol na llawer o'r cyfresi ditectif eraill mwy agos at y gwir sy'n llenwi bylchau yn amserlenni'r sianelau.

Ym mhennod yr wythnos hon roedd yr Arolygydd Özakin a'r un sy'n ei gynorthwyo, Mustafa Tombul (sydd yn anlwcus yn ei fywyd carwriaethol ac yn gwisgo dicibos gwirion), yn ymchwilio i lofruddiaeth meddyg ifanc. Wrth i'r ymchwiliad fynd yn ei flaen daeth yn amlwg bod y diweddar feddyg, â'i chydwybod yn ei phoeni, wedi bod ar fin datgelu'r gwir am droseddau gwerthu arennau yn y clinig lle roedd hi'n gweithio . . . clinig lle roedd Almaenwyr cyfoethog, a oedd yn gorfod aros yn rhy hir am drawsblaniad yn yr Almaen, yn talu degau o filoedd o Ewros am lawdriniaeth i achub eu bywydau heb brin ystyried y gwerinwyr o Anatolia nad oedden nhw'n derbyn ond ychydig filoedd o Lira Twrcaidd (byth mwy na €750) am eu 'cyfraniad'.

Ac fe gofiais am Dorothy Rowe.

Hoffai gael ei galw'n Dots, enw na wnes i 'rioed ei hoffi – ond mi oeddwn i'n hoff iawn ohoni hi. Daethom yn gyfeillion agos yn yr wythnosau ar ôl i mi gyrraedd Berkeley ym 1981 a byddwn yn aml yn cellwair petai fy 'gaydar' byth yn camymddwyn, a finnau'n deffro un bore efo ychydig mwy o ddiddordeb mewn menywod, mai Dots fyddai fy newis cyntaf.

Priododd Dorothy wyddonydd ymchwil a aeth yn ei flaen yn y diwedd i weithio i gwmni cyffuriau; roedd yn ennill cyflog da ac roedd ei llythyrau – roedd hyn cyn oes yr e-byst – yn llawn hanesion tripiau i Alasga a Pheriw (lle bu ei hewyrth, a oedd yn archaeolegydd, yn gweithio am lawer o'i oes ym Machu Picchu), ac i Ganada, i Fecsico ac i Hawaii. Nid oedd ganddi hi a Gary blant, gan i'r clefyd melys effeithio ar ei gallu i feichiogi. Erbyn diwedd y 1990au roedd wedi effeithio ar ei harennau. Yn un o'i he-byst (a oedd wedi disodli'r llythyrau â'u llawysgrifen dlos ar bapur porffor golau gyda dyfrnod arno) roedd yn disgrifio undonedd tair sesiwn bedair awr bob wythnos ar y peiriant dialysis, a'r aros, a oedd yn ymddangos yn ddiddiwedd, am rodd o aren addas. Dywedodd sut y byddai weithiau'n dychmygu rhywun ffit ac iach yn cael ei ladd mewn damwain car a'i galluogi hi i adennill ei bywyd . . . a sut, wrth iddi ddod ati'i hun o'r freuddwyd honno, y byddai'n chwys oer drosti wrth sylweddoli yr hunllef roedd hi'n ei dymuno ar ryw deulu anhysbys.

Mae'n siŵr fy mod wedi darllen e-bost Dorothy hanner dwsin o weithiau yn ystod y dyddiau canlynol. Holais a oedd rhywun addas yn y teulu a allai gyfrannu ac esboniodd eu bod wedi dilyn y trywydd hwnnw ond yn ofer – oherwydd rhesymau meddygol nad esboniodd.

Dw i ddim yn credu fy mod i wedi meddwl yn ymwybodol ynglŷn â chynnig un o fy arennau i Dorothy. Ond, yn fy isymwybod mae'n siŵr fy mod wedi bod yn pwyso a mesur yr hyn a ddysgais wrth astudio anatomi a ffisioleg fel rhan o fy ngradd gyntaf mewn Bywydeg: ein bod ni, fodau dynol, yn cael ein geni gyda'r gallu i wneud mwy o waith arennol nag sydd ei angen a bod bywyd yn cael ei gynnal yn iawn gyda dim ond un aren yn gweithio ar 75% o'i llawn allu. Ac efallai fod yna elfen o argyfwng canol oed yn gwau trwy fy isymwybod hefyd: dyn hoyw yn ei bedwardegau cynnar . . . dim plant . . . heb wneud fawr o argraff ar y byd . . . heb adael dim o'i ôl. Roedd yr hyn oedd yn digwydd i Dorothy yn bwysig ac roedd cyfle i mi wneud gwir wahaniaeth i'w bywyd.

Wrth fwyta'n swper un noson dywedais wrth Jupp, 'Tybed ydi o'n bosib i mi roi aren i Dorothy?'

'Dorothy? Pwy ydi Dorothy?'

'Dorothy a Gary. Mi wnaethon ni aros efo nhw yn Seattle ychydig cyn iddyn nhw symud i Philadelphia; mi oeddat ti'n hoff o'r olygfa o Mount St Helens o ffenest eu hystafell fyw.'

Chwarddodd Jupp, ac fe dynnodd hynny'r gwynt o'm hwyliau. Dywedodd fod y siawns y byddai'r ddau ohonom yn cydweddu mor annhebygol fel nad oedd diben i mi gynnig.

'Os felly mi fyddi di'n hapus i mi eu holi nhw yn y ganolfan drawsblannu yn Lerpwl,' dywedais. 'Efallai na ddaw dim ohono fo, ond o leiaf mi fydda i'n gwbod 'mod i wedi trio.'

'Ti eisoes yn "ffrind i Dorothy",' atebodd gan godi'i ysgwyddau. 'Mae hyn mor anodd ei gredu â stori'r *Wizard of Oz*.'

Cefais sgwrs ar y ffôn gyda'r cydlynydd trawsblaniadau yn ysbyty'r Royal Liverpool. 'Tydi rhoddwr sydd yn fyw a ddim yn aelod o'r teulu ddim yn gyffredin iawn ym Mhrydain,' dywedodd, 'ond mae'n digwydd. Mi wna i anfon gwybodaeth i chi.'

'Ddylwn i ddweud rhywbeth ar hyn o bryd ... wrth fy ffrind yn America?'

'Na ddylech. Ddylech chi ddim codi ei gobeithion a ninnau ddim hyd yn oed yn gwybod a ydach chi'n addas. Ydach chi hyd yn oed yn gwybod a ydach chi'r un grŵp gwaed?'

'Sgen i ddim syniad.'

'Iawn – mi wna i anfon y pecyn gwybodaeth ar gyfer rhoddwyr, ac os ydach chi'n dal yn awyddus i fynd yn eich blaen ar ôl ei ddarllen mi gewch chi ddod yma am sgwrs.'

Bu cyfnod o tua deng mis rhwng fy ymweliad cyntaf â'r Uned Arennau ar lawr uchaf ysbyty'r Royal Liverpool ddechrau mis Mawrth 1999 a'r diwrnod y gadawsom am yr Unol Daleithiau. Ugain mlynedd wedyn mae trefn y digwyddiadau yn annelwig yn fy nghof. Mae edrych ar y we (wrth i mi ysgrifennu hwn) yn fy atgoffa o gamau'r broses – llawer iawn o brofion gwaed . . . casglu wrin am ddau gyfnod o bedair awr ar hugain . . . mesur fy mhwysedd gwaed yn aml (unwaith yn unig roedd fy mhwysedd diastolig – y rhif gwaelod – yn y nawdegau ond nid oedd y meddyg ymgynghorol fel petai'n poeni rhyw lawer) . . . sesiynau cwnsela i asesu fy nghymhwysedd a 'nghymhellion . . . pyelogram mewnwythiennol (IVP) – triniaeth pelydr X pan fydd hylif lliw yn cael ei chwis-trellu i'r gwaed i ddangos unrhyw annormaledd yn y system wrin, gan gynnwys yr arennau a'r bledren . . . angiogram o'r arennau – golygai hyn ddiwrnod yn yr ysbyty, gosod nodwydd mewn rhydweli yng nghesail y forddwyd a gwthio pibell fain (canwla) i fyny'r rhydweli. Unwaith roedd blaen y canwla yn agos at yr arennau, roedd hylif lliw yn cael ei chwistrellu a fyddai'n rhoi darlun clir o batrwm y rhydwelïau yn y ddwy aren. Mae'n ymddangos nad yw'n anghyffredin i gael mwy nag un rhydweli yn mynd i mewn i aren, ac mewn achosion felly mae'r llawdriniaeth i dynnu'r aren yn fwy cymhleth.

Roedd rhaid i Jupp hefyd gytuno i gael ei gyfweld. Oherwydd bod y broses 'ddewis' wedi digwydd fesul cam, roedd wedi dod i dderbyn fy mhenderfyniad ac wedi cyd-weld na fyddai'n gwrthwynebu. Ac wrth i'r wythnosau fynd heibio, a'r posibilrwydd y byddwn yn rhoddi aren yn dod yn fwy tebygol, ni fynegodd unrhyw beth heblaw cefnogaeth. 'Mae dyn sy'n fodlon rhoi aren i gyfaill yn ddyn arbennig iawn ac mae hyn wedi gwneud i mi dy garu di'n fwy byth,' meddai un diwrnod. 'Ond dw i'n dal i feddwl dy fod ti'n hurt bost!'

Erbyn mis Rhagfyr, yng nghanol yr holl bryderu y gallai Chwilen y Mileniwm beri i gyfrifiaduron pawb wallgofi, cadarnhaodd yr ysbyty yn Philadelphia eu bod yn fodlon gyda'r holl ddata roeddynt wedi'i dderbyn o Lerpwl ac roedd rhywun o'r Adran Iechyd yn Llundain wedi cyd-weld y gallwn i, dinesydd Prydeinig, deithio i'r Unol Daleithiau i roddi aren i ddinesydd Americanaidd. Felly fe bennwyd dyddiad ar gyfer y llawdriniaeth yn ystod ail wythnos mis Ionawr 2000. Roedd yn amser i mi ddweud wrth fy rhieni.

Ni allai Megan na Terry gofio cyfarfod Dorothy adeg eu hymweliad â fi yng Nghaliffornia (i fod yn deg, bu iddynt gyfarfod llawer o bobl ar y trip hwnnw). Roedd Megan yn ymddangos yn bryderus ac yn falch, hanner o un a hanner o'r llall. Ni allai Terry ddeall pam fy mod yn peryglu fy mywyd er mwyn rhywun a oedd yn ddieithryn bron . . . ac onid oeddwn i'n risg oherwydd AIDS? Roeddwn i eisiau dweud wrtho fod llawer o ddynion hoyw a oedd wedi profi atgasedd gan eu teuluoedd trwy waed, ac wedi cael eu gwrthod ganddynt, wedi dewis 'teulu' newydd i 'fod yna' iddynt, ac yn hytrach na bod yn 'ddieithryn bron', roedd Dorothy yn 'chwaer' i mi – ond fe wnes i sensro fy hun . . . brathu fy nhafod . . . ac anwybyddu ei ddiffyg cymeradwyaeth.

Derbyniais dri mis o wyliau arbennig gyda thâl gan y gwaith, ac wrth i'r newyddion ledaenu roedd pobl yn fy stopio yn y coridorau ac yn y cantîn i ddweud pa mor ddewr . . . anhunanol . . . rhinweddol . . . ac mewn geiriau plaen, pa mor hurt o wych oeddwn i. ''Sat ti'n gwneud yr un peth i rywun ti'n garu,' oedd fy ateb sydyn . . . ac weithiau roedd posib gweld yn eu hwynebau na fyddent.

Cawsom hedfan dros yr Iwerydd yn y dosbarth cyntaf. Roeddwn wedi trio esbonio dros y ffôn wrth fam Dorothy nad oeddem yn disgwyl unrhyw driniaeth arbennig na chwaith unrhyw dâl, ond dywedodd mai hyn oedd y lleiaf y gallai ei wneud i gydnabod fy rhodd iddi hi.

Daeth y llawfeddyg i 'ngweld ychydig oriau ar ôl i mi fynd i'r ysbyty. Roedd yn iau nag oeddwn i wedi'i ddisgwyl. Siaradodd efo Jupp a finnau am ychydig, gan gyfeirio at y nodiadau roedd wedi'u derbyn gan ysbyty'r Royal Liverpool. Yna gwnaeth archwiliad corfforol sydyn a mesur fy mhwysedd gwaed.

'Mi ydach chi chydig yn bryderus mwya tebyg,' dywedodd wrth nodi'r ffigyrau ar fy siart. Edrychodd eto ar y nodiadau o Lerpwl. 'Does yna ddim hanes o bwysedd gwaed uchel yn y teulu, nag oes?' Mewn ychydig o benbleth dywedais nad oedd, cyn belled ag y gwyddwn i. Dros yr ychydig oriau nesaf roedd fy mhwysedd gwaed yn parhau i godi ac erbyn diwedd y prynhawn roedd fel petai'n aros yn gyson ar 180 dros 120 . . . a dyna lle y bu fwy neu lai am y tri diwrnod y bûm yn yr ysbyty.

Roeddwn yn isel am wythnosau lawer ar ôl i'm hymdrech i roi aren gael ei rhwystro gan dîm meddygol Dorothy. Wrth gwrs, roedd Dorothy a Gary (a'i mam a oedd wedi talu am y tocynnau dosbarth cyntaf) yn torri eu calonnau – mor agos ac yna eu holl obeithion yn cael eu chwalu – ond roeddynt yn rasol iawn tuag ataf fi. Roedd Jupp yn hynod annwyl, yn fy sicrhau drosodd a throsodd bod fy nghorff, er gwaethaf yr hyn a oedd yn fy meddwl a'r hyn a oedd yn fy nghalon, wedi dweud na hollol bendant ... a bod popeth yn iawn. Roeddwn yn suddo yn y syniad o fethiant, ac am y tro cyntaf yn fy mywyd ystyriais a oedd hi wir yn well i mi fod wedi ymdrechu a methu yn hytrach na pheidio ymdrechu o gwbl. Ddyddiau yn unig ar ôl cyrraedd adref aeth fy mhwysedd gwaed yn ôl i lawr i 110 dros 70 a dychwelais i'r gwaith. Y rwtîn o ddydd i ddydd oedd yn fy nghynnal am gryn amser cyn i mi ddod ataf fy hun.

Ychydig wythnosau ar ôl dychwelyd adref derbyniais gerdyn gan Dorothy:

Mae'n rhaid i ti feddwl am yr hyn rwyt ti wedi'i roi i Gary a finnau, a pheidio meddwl am yr hyn na allai yn y diwedd gael ei roi. Rydw i wedi arfer gyda chael fy mradychu gan fy nghorff dros y blynyddoedd. Ystyria dy hun yn lwcus nad yw'r modd y gwnaeth dy gorff di dy fradychu wedi achosi unrhyw niwed corfforol tymor hir i ti. Mi wn dy fod yn ddigalon, ond hoffwn i ti wybod a deall bod y rhoddion a gefais gen ti yn ystod y flwyddyn ddiwethaf wedi bod yn amhrisiadwy. Adnewyddaist fy ffydd yn nyfnder a lled cyfeillgarwch, adnewyddaist fy ymddiriedaeth mewn ffyddlondeb, dangosaist garedigrwydd o'r math nad anghofir byth . . . ac yn fwy na dim rhoddaist i mi obaith.

Yn yr hydref y flwyddyn honno derbyniodd Dorothy aren gan gyfaill arall o'r coleg (a oedd wedi cael ei ysbrydoli gan hanes fy nghynnig i), ac fe ddaeth Gary a hithau i'n gweld yn Neston yr haf canlynol. Roedd yn wych ei gweld yn llawn egni ac yn mwynhau ei hadfywiad. Yn anffodus cafodd strôc, oherwydd cymhlethdodau'r clefyd melys, a bu farw fis Rhagfyr 2016.

17
Dros y Dŵr

Atgof arall ar y cyfryngau cymdeithasol:

> *Pymtheg o ddynion hoyw ac un lesbiad yn cael te*
> *bach; sgons a hufen, cacen afal a chnau almon,*
> *bara brith a lemon drizzle. Ydi Bermo'n barod*
> *am y mewnlifiad pinc?*

Fe brynasom Dros y Dŵr yn 2010. Disgrifiad yr asiant tai yn Bermo oedd 'imposing, immaculate, double-fronted, four storey Victorian Villa', ac fe wyddai'r ddau ohonom, ar yr olwg gyntaf, y byddem yn ei wneud yn gartref cyfforddus a chael gwesteion oedd yn talu i helpu gyda'r biliau gwresogi anferth! Mewn safle uchel uwchben y bont reilffordd eiconig sydd yn croesi afon Mawddach, gallai'r golygfeydd o'r teras yn y blaen ac o'r ffenestri bae ar y llawr gwaelod a'r llawr cyntaf eich syfrdanu. Ddwywaith y dydd byddai llanw a thrai yn yr aber, a'r olygfa honno â'i newid byth a hefyd yn cyferbynnu efo cadernid disymud Cader Idris yr ochr arall i'r dŵr. Roedd y cwpl a oedd yn gwerthu'r tŷ wedi gwario degau ar ddegau o filoedd yn ei adnewyddu a'i foderneiddio; 'Mae'n rhoi incwm rheolaidd,' dywedodd yntau wrth ein tywys o amgylch y tŷ, 'ond yr unig ffordd o wneud ffortiwn fach o le gwely a brecwast yn Bermo ydi dod yma efo ffortiwn fawr, yn enwedig yn yr hen dai hardd 'ma – maen nhw angen llawer o ofal . . . wrth gwrs, mae pob garantî ganddon ni, ar gyfer yr ail-doi, yr ailweirio, y gwaith plymio newydd a'r gwres canolog.' Dim ond chwe blynedd roedden nhw wedi bod yn y tŷ . . . ond roeddynt wedi bod yn anlwcus o ran iechyd ac am symud yn eu blaenau.

Ar ôl chwe wythnos wyllt yn ailaddurno a gosod tri charped newydd yn lle'r rhai a oedd yn edrych braidd yn fudr, fe wnes i a Jupp agor y drws i ymwelwyr am y tro cyntaf adeg y Pasg. Roedd yn benwythnos heulog braf ac roedd Bermo'n pefrio. Gyda dim ond tair llofft ar gyfer ymwelwyr, a dim ond chwe ymwelydd, roedd Dros y Dŵr yn dal i gael ei ystyried yn dŷ preifat (a oedd yn ein rhyddhau o lwyth o reoliadau a threthi busnes lleol), ac roedd posib gwneud y gwaith heb y drafferth o gyflogi staff. Yn ystod y penwythnos cyntaf hwnnw gwnaethom dri phenderfyniad a wnaeth ein bywydau fel gwestywyr ychydig yn haws: ni fyddem yn gweini *croissants* i frecwast mwyach – edrycha ar y llanast; briwsion seimllyd ar hyd y llawr! Ni fyddem yn croesawu plant o dan 12 – edrycha ar y llanast, yn enwedig pan nad ydi'r rhieni yn derbyn cyfrifoldeb am fysedd bach yn lledaenu wy ar y paent newydd yn yr ystafell fwyta . . . ac fe fyddai'n rhaid i bawb aros am o leiaf ddwy noson – pwy sydd isio golchi a smwddio cyfnasau ar ôl un noson yn unig? Roeddem eisoes wedi gwneud y penderfyniad i beidio byw y tu ôl i ddrysau wedi'u cloi, ac er bod gan bob un o'r ystafelloedd ar gyfer ymwelwyr glo, roedd lle roedden ni'n byw ar lawr ucha'r tŷ yn agored i unrhyw un a oedd am grwydro i fyny cyn belled – nid fod neb wedi gwneud mewn saith mlynedd. Ac ni fyddai teledu yn yr ystafelloedd! Onid oedd y ddau ohonom, yn ein bywydau proffesiynol yn y gorffennol, wedi aros mewn gwestai, mawr a bach, ac wedi cael ein deffro gan rywun yn yr ystafell gyfagos â'i frwdfrydedd unig am y sianel bornograffi am ddau o'r gloch y bore. Pan oeddem yn cofrestru gydag un o'r safleoedd gwe mwyaf adnabyddus ar gyfer lletyau gwyliau, bu trafodaeth hir ynglŷn â hysbysebu'n agored ein bod yn lletyau diblant a dideledu. Roedd eu cynrychiolydd yn amheus, ond fe ddaeth y ddwy nodwedd hon yn rhesymau poblogaidd iawn pam fod gwesteion yn dod i aros, ac yn dal ati i ddychwelyd – er efallai fod y bara, cacennau, jam a marmalêd cartref, ynghyd â'r brecwast hael, yn rhan o'r rheswm hefyd. Am dair blynedd fe'n rhestrwyd fel y lle gwely a brecwast gorau yn Bermo. Am ddeg mis o'r flwyddyn roeddem yn gallu llenwi ein hystafelloedd (gan wneud bywoliaeth dderbyniol), ac yn ystod cyfnod o saith mlynedd bu gwesteion o hanner cant a chwech o wledydd yn aros yn Dros y Dŵr – y byd yn dod atom ni!

Yn anffodus, ar y cyfan y gwesteion a barodd drafferth (mewn rhyw ffordd neu'i gilydd) yw'r rhai rydym yn eu cofio: y cwpl crachaidd o dde Lloegr a oedd wedi llwyr anghofio sut i wenu, heb sôn am ddweud 'bore da' neu 'diolch' – buont yn aros am wythnos ac roedd eu hagwedd negyddol yn ein llethu'n llwyr . . . a'r hipis Cymraeg o Sir Fôn yn smygu mwg drwg yn y gwely – yn eu cyflwr breuddwydiol bodlon llwyddodd y ddau i losgi'r cyfnasau cotwm a cholli coffi ar y carped newydd sbon . . . a'r cwpl Cristnogol ffwndamentalaidd efengylaidd, Beibl yr un ar y byrddau o boptu'r gwely, a adawodd ar frys ar ôl sylweddoli mai cwpl hoyw oedden ni . . . a'r wraig â salwch terfynol arni a gymerodd ormod o forffin.

Rydan ni hefyd yn cofio rhai o'r bobl y bu i'w hwyliau gwyliau arwain at hwyliau rhywiol; mae straeon am y rheini'n dal i beri chwerthin ymysg ffrindiau wrth gael pryd o fwyd: y cwpl hoyw â'u hagwedd athletaidd tuag at gyfathrach rywiol yn peri i'r siandelïer pres yn lolfa'r gwesteion oddi tanynt siglo'n beryglus – ac i'r styllod pren yn y gwely dorri; y cwpl o Wlad Pwyl a wnaeth fwynhau, a barnu yn ôl y sgrechian a'r griddfan, o leiaf deuddeg orgasm yn ystod tri diwrnod o law difrifol a achosodd lifogydd sylweddol ar lannau'r foryd. Roedd eu bywiogrwydd nwydus yn gwneud i ni a'r gwesteion eraill gochi, ond diolch byth, roedd pawb yn gallu gweld yr ochr ddoniol, a be arall oedd yna i'w wneud mewn ffasiwn dywydd diflas?

Ac yna, beth am y ddau swyddog heddlu o un o heddluoedd canolbarth Lloegr? Roedd y ddau (mae'n ymddangos) mewn cynhadledd yn Llandudno; rhwng y sesiynau caru roedd y naill a'r llall yn anfon negeseuon at eu cymar adref – a gadawyd condomau wedi'u defnyddio o dan y gwely cyn i'r ddau adael yn eu ceir eu hunain. Wrth lanhau'r llofft wedyn, dw i'n cofio meddwl ei bod hi wedi bod yn hir iawn ers i mi gael 'noson tri chondom'.

O . . . ia . . . a'r modrwyau pidyn! Roedd un gŵr wedi gadael ei gasgliad amrywiol mewn bag lledr boglynnog hardd ar silff yn yr ystafell ymolchi – ac roedd am i ni eu dychwelyd trwy'r post. 'Peidiwch â thrafferthu anfon y bag,' dywedodd pan ffoniodd. 'Mi fydd hynny'n rhy ddrud. Rhowch y modrwyau mewn amlen drwchus.' Ddywedodd o ddim byd ar y ffôn am y plwg tin silicon piws na'r tylinwr prostad dirgrynol oedd hefyd yn y bag.

Ac yna'r cwpl canol oed, braidd yn swil, o Lincoln; ar ôl iddynt adael darganfu Jupp dri *croissant* siocled wedi cael eu 'hambygio' yn y gwely. Wnaethon ni byth benderfynu ai ffetis roedd y ddau'n ei rannu oedd yn gyfrifol, ynteu a oedden nhw ddim ond yn bobl oedd yn bwyta'n flêr ac od. Mae staeniau siocled yn anodd iawn i'w cael allan o gyfnasau cotwm gwyn!

Roedd y rhan fwyaf o'n gwesteion yn bobl hyfryd – a rhai o'r rhai mwyaf hyfryd oedd y 'criw boliau cwrw a thatŵs' sydd yn aml yn llenwi Bermo ar benwythnosau gwyliau banc; roedd llawer o'r menywod llawn tatŵs hyn yn gynnes a doniol, yn ystyriol a pharchus, ac yn herio'n rhagfarnau o ddifri. Roedd llawer o'n gwesteion yn noethlymunwyr; mae'r unig draeth 'dillad yn ddewisol' swyddogol yng Nghymru ddim ond ychydig filltiroedd i'r gogledd o Bermo, ac yn denu noethlymunwyr sy'n hoffi'r haul o bob cwr o Brydain. Dim ond unwaith y gofynnodd cwpl a fyddai'n bosib iddynt ddod lawr i fwyta brecwast yn noeth – cais roeddem yn teimlo bod yn rhaid i ni ei wrthod er ein bod ni ein hunain yn ymweld â'r traeth yn rheolaidd.

Roedd pobi yn rhywbeth yr oeddwn i wedi gallu ei wneud erioed ac roedd yna bob amser ddewis o gacennau cartref ar gyfer y gwesteion pan fyddent yn cyrraedd ganol y pnawn (fel arfer). Ond tyfodd y te bach i fod yn ddigwyddiad crandiach a mwy rheolaidd ar ôl i'r Gay Outdoor Club (GOC) gysylltu o fewn wythnosau ar ôl i ni agor. Cymdeithas gerdded ar gyfer pobl cwiar sydd yn gweithredu ledled Prydain yw GOC ac roeddem wedi bod yn cerdded efo nhw'n aml pan oeddem yn byw yn Lerpwl. Byddai te bach y GOC wedi'i drefnu o flaen llaw bob tro – ar ddydd Sadwrn neu ddydd Sul fel arfer – ac nid oedd yn beth anghyffredin darparu cacennau a sgons ar gyfer deg, pymtheg, hyd yn oed ugain o gerddwyr gwlyb domen. Fe benderfynwyd na fyddem yn codi am y te bach! Byddai gofyn am dâl gan bawb yn creu problemau mewn tref lan môr fechan lle roedd yna ddwsin o gaffis yn ceisio ennill bywoliaeth . . . ond awgrymwyd rhoi cyfraniadau i fad achub Bermo a gosodwyd potyn pridd o faint awgrymog sylweddol ar y sìl ffenest.

Yna fe gysylltodd Ann Thomas, cyfaill o Ddolgellau a oedd yn gweithio i Barc Cenedlaethol Eryri; a fyddai'n bosib i ni ddarparu te bach ar gyfer criwiau o Almaenwyr ac Awstriaid a oedd yn dod, trwy drefniant gyda Boundless, asiantaeth deithio ym Merlin, i aros ym Mhlas Tan y Bwlch, canolfan astudio'r parc ym Maentwrog? Byddai *Kaffee und Kuchen* ar ein teras ar ddiwedd eu taith gerdded ar hyd Llwybr Mawddach yn ddelfrydol . . . yng ngolwg Ann, fel arweinydd y daith, roedd hi'n bwysig cadw'r criw efo'i gilydd ar ddiwedd y dydd – roedd colli rhai ohonynt yn strydoedd a llwybrau cul yr hen dref yn hunllef pan oedd angen iddi gael pawb yn ôl ar y bws mini. Felly fe ymddangosodd y potyn pridd mawr ar y sìl ffenest unwaith eto – ac eto wedyn. Dros y blynyddoedd, rhwng GOC a cherddwyr Boundless, cyfrannwyd cannoedd o bunnoedd i goffrau gorsaf y bad achub yn Bermo.

Daeth te bach Dros y Dŵr, yn arbennig y sgons cartref a'r cacennau *lemon drizzle,* yn destun sgwrs yn swyddfeydd Boundless ym Merlin gan iddynt dderbyn cymaint o sylwadau canmoliaethus ar eu gwefan. Trwy Ann Thomas, ac yn dilyn sgwrs ar y ffôn gyda'r swyddfa ym Merlin, cynigiwyd gwaith i Jupp fel cyfieithydd am ryw chwech i wyth wythnos y flwyddyn; roedd teithiau

Boundless ym Mharc Cenedlaethol Eryri yn cael eu disgrifio fel 'teithiau cerdded diwylliannol gyda phrofiadau traddodiadol a darlithoedd', ac roedd angen cyfieithydd ar y pryd ar gyfer y rhain i gyd. Roedd Jupp wrth ei fodd gyda'r anturiaethau hyn ac ar ôl rhyw ddwy neu dair blynedd, pan wnaeth Ann ymddeol, byddai'n arwain y teithiau ei hun ar adegau. Yn y cyfamser, roeddwn i'n gweld delio â holl fynd a dod Dros y Dŵr ar fy mhen fy hun yn waith blinedig ac yn straen, ac mewn tywydd poeth, pan oedd fy nghalon anwadal fel petai'n fy arafu, roeddwn yn casáu bod yn gyfrifol am bopeth fy hun.

Pan fyddai gwesteion ym mhob ystafell a neb yn cyrraedd na gadael, roeddem fel arfer yn gallu gorffen gwaith y dydd – paratoi a gweini brecwast, clirio, dechrau pobi bara (i'w grasu'n nes ymlaen yn y dydd), ymdrin ag ystafelloedd y gwesteion, hwfro'r cyntedd, y grisiau a'r landin a'r ymweliad dyddiol â'r siopau i gael bwyd ffres – erbyn amser cinio. Ar ddyddiau felly, roeddwn yn gallu mynd i weld fy mam yn y cartref gofal, a hyd yn oed mynd i'r traeth yn y prynhawn neu gerdded yn y bryniau uwchben y dref – gyda'r cŵn bob tro – gan nad oedd angen brysio'n ôl erbyn pedwar i groesawu gwesteion newydd. Ond byddai'r dyddiau pan oedd pobl yn gadael ac yn cyrraedd yn llawer prysurach; gan ddibynnu pa mor flêr a budr roedd y gwesteion wedi bod, gallai gymryd awr i gael ystafell yn barod . . . neu weithiau lawer yn hirach: gallai glanhau olion mwd, coffi a gwin coch oddi ar y carpedi, y llenni neu hyd yn oed y waliau (rhywbeth nad oedd yn anghyffredin) gymryd hydoedd, ac os oedd y gwesteion yn rhai blewog iawn neu'n ddynion a oedd yn methu anelu'n syth roedd glanhau'r ystafelloedd ymolchi'n hunllef – mae ymlid blew cedor o amgylch y gawod yn waith caled! Ar ddyddiau felly byddai angen i'r ddau ohonom weithio saith neu wyth awr . . . felly ar wythnos Boundless, a finnau'n fand un dyn, gallwn weithio pymtheg awr . . . a'r cŵn yn syllu arnaf yn drist am nad oeddynt wedi cael mynd am eu tro arferol!

Ar un o'r wythnosau Boundless hynny y gwnes i ddarganfod bod y cŵn wrth eu boddau yn rhedeg ar ôl y trên ar y bont saith can metr o hyd sydd islaw'r tŷ. Yn fuan ar ôl chwech un bore – awr cyn bod rhaid i mi fod yn y gegin yn paratoi brecwast – mi oeddwn i wedi mynd â Wash a Nel i'r traeth bychan o dan ben gogleddol y bont, dim ond ychydig funudau o'r tŷ. I'r de, yr ochr arall i'r aber eang, mae'r rheilffordd yn dringo o Fairbourne ac yn glynu wrth greigiau'r Friog ar ei thaith i Amwythig. Yn nhawelwch y bore clywodd y cŵn chwiban y trên cynnar yn gadael Fairbourne i gyfeiriad Bermo. A ffwrdd â nhw ar hyd y llwybr cerdded (sydd â ffens bren uchel rhyngddo a'r cledrau) . . . saith can metr i gwrdd y trên ym mhen pella'r bont – ac yna'n ôl ar wib wyllt. Daeth rhedeg ar ôl y trên cynnar a'r trên hwyr (adegau pan mai ychydig iawn o gerddwyr oedd ar y llwybr) yn sbort a thraddodiad iddynt ac roedd llawer o'r gyrwyr yn ymestyn allan o'u ffenest a'u hannog. Fe wnaethom hyd yn oed ddarganfod, ar y cyfryngau cymdeithasol, fideos, wedi'u cymryd gan deithwyr, o Wash a Nel yn rasio ar draws aber afon Mawddach!

Dim ond dwy fil a hanner o bobl sy'n byw yn Bermo, felly roedd hi'n amhosib dychwelyd adref heb i bobl sylwi. O fewn wythnosau ar ôl cyrraedd, tra oeddwn yn cael golwg ar yr oriel gelf drws nesaf i'r capel lle ces fy medyddio, clywais y perchennog, Valerie McArdell, a'i chyd-weithiwr, Sue Slater, yn trafod yr angen am waed newydd ar y cyngor tref. Ychydig wythnosau ynghynt, pan o'n i a Jupp yn prynu dau brint yn yr oriel ar gyfer ystafell fwyta Dros y Dŵr, roedd y ddwy wraig wedi mynegi diddordeb yn ein stori a'r ffaith 'mod i wedi dychwelyd at fy ngwreiddiau. Y tro hwn roeddwn i'n edmygu llun dyfrlliw bychan o harbwr Bermo ac yn ystyried a fyddai hi'n syniad da gosod llun gwreiddiol gwerth ychydig gannoedd o bunnoedd ar wal lolfa'r gwesteion, pan dorrwyd ar draws fy myfyrdodau.

''Sa gen ti ddiddordeb mewn bod ar y cyngor tref?' holodd Valerie.

'Na, dim diddordeb o gwbl,' atebais. 'Fedrwch chi roi "efallai wedi'i werthu" ar hwn ac mi wna i ofyn i Jupp ddod draw i weld a ydi o'n licio fo?'

Cyn aildrefnu llywodraeth leol yn 1974, roedd gan Bermo gyngor dosbarth trefol a oedd yn gyfrifol am wasanaethau lleol, a maer a oedd yn gwisgo cadwyn aur mewn sawl digwyddiad dinesig. Roedd gen i gof plentyn bod y maer (a'i wraig y faeres – gan mai dyn oedd pob maer adeg honno) yn cerdded yn yr orymdaith Sul y Cofio flynyddol y tu ôl i'r band arian (roedd fy nhad yn chwarae'r trombôn yn y band) i'r gofeb yn y parc, ac yn gosod torch ar ran y gymuned. Roedd yna falchder yn nhref Bermo adeg honno. Ym 1963, Mr Iorwerth Richards, blaenor yn ein capel ni, oedd y maer. A finnau'n saith oed, ac yn gafael yn llaw fy mam rhag i mi fynd ar goll yn y dorf, gwyliais Mr Richards, â'i gadwyn aur yn disgleirio yn haul mis Awst, yn croesawu'r Frenhines (yr unig dro erioed i mi ei gweld) wrth iddi gamu oddi ar y Trên Brenhinol yng ngorsaf Bermo. Ac yna ym 1965 roedd Mr L E Jones, blaenor arall o gapel Park Road, yn faer (a'i wraig bob tro mewn côt ffwr a het grand) ac mi oedd o'n croesawu fy nghyn-athro ysgol Sul, W D Williams, adref o Eisteddfod Genedlaethol y Drenewydd ar ôl iddo ennill y gadair – digwyddiad dinesig na fu ei debyg. Ac ym 1966 roedd y maer, Trefor Williams, a'i wraig, y nofelydd Eirlys Trefor, yn edrych mor *glamorous* mewn Hillman Minx to agored ar flaen gorymdaith y carnifal.

Ond ar ôl 1974, pan ddaeth Barmouth yn swyddogol yn Abermaw ac o dan weinyddiaeth y Gwynedd newydd a'r gwasanaethau yn cael eu gweinyddu yn Nolgellau, roedd y dref fel petai wedi colli'i hunaniaeth rywsut, a'r cyngor tref, o'm safbwynt arddegol i, ddim ond yn rhywbeth a oedd yn delio efo'r tywod a oedd yn chwythu i'r strydoedd ac weithiau'n cau'r prom, a baw ci. Mae gen i rywfaint o gywilydd cyfaddef nad oedd fy nealltwriaeth o waith a diben cyngor cymuned bychan wedi aeddfedu rhyw lawer pan ddychwelais i'r dref flynyddoedd lawer wedyn.

Dyfalbarhaodd Sue Slater a Valerie McArdell dros wythnosau lawer; bob tro y byddwn yn mynd heibio'r siop, os nad oedd cwsmeriaid ganddynt, byddent yn fy annog i ddod mewn, a bron heb sylweddoli deuthum i ddeall ychydig mwy am gyfrifoldebau a diben y cyngor tref. Cefais fy nghyfethol ar Gyngor Tref Abermaw yn 2012; nid oedd yna ddigon o ddiddordeb i fod angen cynnal etholiad i lenwi'r sedd wag.

Nid oedd gwaith pwyllgor yn rhywbeth dieithr i mi, er, mi oeddwn i weithiau'n ddiamynedd efo'r cadeirydd

yn caniatáu trafodaeth hir am yr hyn oedd yn ymddangos
yn fater syml . . . roedd ein cyfarfodydd misol yn para
teirawr pan fyddai awr wedi bod yn ddigon. Dim syndod
bod gan bobl Bermo gyn lleied o awydd cyfrannu at
ddemocratiaeth leol. Ymddangosodd pwt byr yn y
Cambrian News yn cyflwyno'r Cynghorydd John Sam
Jones i'r gymuned – heb sôn gair fy mod yn hoyw ac yn
briod â Jupp, rhywbeth a synnodd y ddau ohonom; a
oedd y Gymru wledig wir wedi derbyn cyfunrhywiaeth?
Yn dilyn hynny byddwn yn cael fy stopio'n rheolaidd
gan bobl wrth fynd â'r cŵn am dro. Roeddynt yn poeni
am ddifrod i'r morglawdd ar ben draw'r prom yn dilyn
stormydd y gaeaf . . . yn anhapus am bysgotwyr yn piso
oddi ar Bont Bermo . . . yn gandryll am y baw ci ar y
llwybrau yn y parc ger y cae pêl-droed . . . yn flin bod y
palmentydd cul yn cael eu rhwystro yn ystod yr haf gan
ddodrefn stryd a byrddau hysbysebu . . . yn pryderu am
gais cynllunio a fyddai'n sicr yn rhwystro golygfa o'r môr,
neu o'r mynydd . . . wedi cael llond bol ar ymddygiad chwil
pobl ifanc yn y parc uwchlaw'r harbwr . . . yn cwyno nad
oedd y biniau sbwriel yn cael eu gwagio'n ddigon aml;
llanast o'r pedair siop sglodion yn y dref wedi'i wasgaru
ar hyd y strydoedd a'r prom . . . tywod yn cael ei chwythu
gan y gwynt . . . gwylanod bygythiol . . . a phlant yn cael
eu 'gorfodi' i siarad Cymraeg yn yr ysgolion lleol. Roedd
rhai materion yn rhwydd i ddelio efo nhw'n lleol – er,
fe fethais yn fy ymdrechion i berswadio perchnogion y
siopau sglodion i ddefnyddio defnydd roedd posib ei
ailgylchu . . . roedd polisteirin yn cadw'r bwyd yn boeth!
Roedd y materion hynny a oedd yn gyfrifoldeb y Cyngor
Sir, er eu bod yn cael eu cyfeirio at yr adran berthnasol,

yn aml yn cael eu hanwybyddu . . . ac mi wnes i ddod i ddeall pam fod llawer wedi'u dadrithio ynglŷn â Chyngor Sir Gwynedd. Roedd yna, wrth gwrs, ddisgwyl y byddai pob cynghorydd tref yn cymryd 'sedd' ar un neu ddau o'r grwpiau cymunedol gweithgar. Cefais fy nghyfethol i gorff llywodraethol yr ysgol gynradd, Ysgol y Traeth, gan weithredu fel llywodraethwr am bedair blynedd – ac fel cadeirydd y llywodraethwyr am flwyddyn.

Roeddwn yn gynghorydd tref poblogaidd, ymysg y gymuned a'm cydgynghorwyr, ac ym mis Mai 2014 dechreuais gyfnod fel Cadeirydd y Cyngor tref (ni wnaeth yr un o'r cyfarfodydd â fi yn y gadair bara mwy na 90 munud!) a Maer Abermaw. Wrth roi anerchiad byr i'r cyngor cyn iddynt bleidleisio ar fy enwebiad fe wnes i ofyn a oedd Bermo yn barod am faer a oedd yn agored hoyw – doeddwn i ddim yn awyddus i hynny fod yn destun newyddion a dwyn sylw oddi wrth waith y maer. Diystyrwyd fy nghwestiwn ac unwaith eto, nid oedd hyd yn oed y *Cambrian News* yn ystyried fy nghyfeiriadedd rhywiol yn rhywbeth gwerth sôn amdano – roedd yn ymddangos bod y ffaith fy mod yn Gymro Cymraeg lleol yn llawer pwysicach i'w darllenwyr. Wnaeth y wasg leol ddim hyd yn oed greu helynt pan wisgodd Jupp, ac yntau'n gymar i mi, Gadwyn y Faeres mewn digwyddiadau ffurfiol. Ond fe wnaeth ei bresenoldeb wrth fy ochr greu rhywfaint o ddryswch ar achlysur pwysig dechrau Ras Hwylio y Tri Chopa (o Bermo i Fort William). Camgymerodd un o'r llu oedd yn gwylio'r digwyddiad pwy oedd Jupp, gan feddwl mai *Bürgermeister* Almaenig o efeilldref Bermo oedd o. Esboniodd Jupp mai gŵr y maer oedd o. 'Argol fawr – ydi Bermo mor fodern?' oedd yr ymateb. 'Ydi wir,' meddai Jupp. (Mi ddylwn esbonio bod Cadwyn y Faeres wedi cael ei thrin gan un o'r menywod oedd wedi bod yn faer o fy mlaen, gan ddileu'r gair 'mayoress' fel bod modd i'w gŵr ei gwisgo.)

Mae Cadwyn Maer Abermaw yn symbol parhaol o ddilyniant, o hunaniaeth leol ac o falchder yn y dref. Mae wedi'i gwneud o arian sterling wedi'i euro ac mae yna dair rhes o darianau (neu dorchau), pob un wedi'i ysgythru ag enw maer blaenorol, ac un arall fwy yn y canol gyda logo'r cyngor arni mewn gwaith enamel cywrain. Gwisgir hi dros yr ysgwyddau ac mae'n drom iawn . . . ac i mi roedd yn drom gan arwyddocâd. Roedd arni enwau Iorwerth Richards, L E Jones, Trefor Williams – a meiri o'r degawdau cyn i mi gael fy ngeni, ac roedd ei gwisgo yn gwneud i mi deimlo'n wylaidd ac yn rhoi nerth i mi gynrychioli'r dref a oedd wedi bod yn gartref i 'nheulu ers ymron i dair canrif.

Rhoddais y gorau i'm sedd ar y cyngor tref ychydig fisoedd ar ôl i'm tymor fel maer ddod i ben. Byddai rhai o fy nghyd-gynghorwyr, hyd y dydd hwn, yn dweud fy mod wedi pwdu! Roeddwn yn cael trafferth gyda'r hyn roeddwn i'n ei weld, trwy fy sbectol i, fel anghysondeb yn y ffordd yr oedden ni fel cyngor yn delio â methiannau i gadw at ddeddfau trwyddedu lleol; weithiau byddem yn llawdrwm iawn a thro arall yn orofalus a hael. Ar ôl i mi herio un o'r achosion lle roeddem wedi ymddwyn felly yn hytrach na phechu, cafodd fy her ei diystyru gan fy nghyd-gynghorwyr – felly mi adewais.

Daeth rhywfaint o ddaioni o'm hymddiswyddiad. Roedd nifer o bobl ifanc wedi bod yn dilyn 'Tudalen y Maer' roeddwn wedi bod yn ei chyfrannu i'r cyfryngau cymdeithasol, ac wedi cynnig eu henwau ar gyfer y sedd wag, a bu etholiad ar gyfer y cyngor tref am y tro cyntaf ers mwy na degawd.

18
Heimat

Mae'n fis Ebrill (2020) ac rydym wedi bod yn yr Almaen ers tair blynedd. Rydym yn dal i siarad Saesneg â'n gilydd; mae'r ddau ohonom yn bobl mor wahanol mewn Almaeneg. Mae Jupp yn llai hamddenol, yn llai amyneddgar, efallai yn llai ystyriol (ac yn sicr yn yrrwr mwy gwyllt) – bron fel petai wedi ailgysylltu â rhyw fersiwn blaenorol, cyn-Brydeinig, ohono fo'i hun neu wedi amsugno gormod o wrywedd Almaenig gwenwynig. Nid yw fy Almaeneg llafar yn rhugl – ac er ei bod bellach yn gwneud y tro, rwy'n llai hyderus, yn llai bodlon i rannu barn, yn llai bywiog – felly hyd yn hyn dw i ddim yn hoff iawn o'r fi Almaenig . . . ddim eto, o leiaf! Wy ac iâr ydi hi wrth gwrs: mwyaf rhugl y dof mwyaf y byddaf efallai yn hoffi fy hunaniaeth newydd, ond hyd yn oed ar y dyddiau yr ydym yn dechrau siarad Almaeneg wrth fwyta brecwast mae'r sgwrs fel arfer wedi llithro'n ôl i Saesneg erbyn amser coffi. Mae'n hynod ddiddorol sut mae iaith yn diffinio cymaint o'r hyn a ystyriwn yn ni ein hunain . . . a sut y gall dulliau ymadrodd fod yn gymaint o sail i berthynas.

Fel gŵr i ddinesydd Almaenig deuthum yn gymwys i wneud cais am ddinasyddiaeth ar Ddydd Ffŵl Ebrill. Wrth gwrs, mae'r broses yn costio cannoedd o Ewros ac mae'n rhaid i mi sefyll dau brawf – yr *Einbürgerungstest*, sy'n cynnwys cwestiynau am ddiwylliant, gwleidyddiaeth, hanes a daearyddiaeth yr Almaen, a phrawf iaith

Almaeneg. Oherwydd hyn rwy'n ymdrechu'n fwy cydwybodol i gofleidio iaith a diwylliant fy ngwlad newydd.

Buddugoliaeth glir Boris Johnson yn etholiad mis Rhagfyr 2019 gadarnhaodd fy mhenderfyniad i adennill fy ninasyddiaeth o'r Undeb Ewropeaidd trwy ddod yn ddinesydd Almaenig. Lliniarodd buddugoliaeth Johnson hefyd rywfaint o'r dicter roeddwn yn dal i'w goleddu ynglŷn â phenderfyniad pobl Prydain i adael yr Undeb Ewropeaidd. Yn nyddiau olaf mis Rhagfyr roeddwn yn darllen hanes Nelson Mandela ac mewn hwyliau myfyriol. Ystyriais ei deimladau ac yntau ar fin cael ei ryddhau ar ôl blynyddoedd yng ngharchar: 'As I stand before the door to my freedom I realise that if I do not leave my pain, anger and bitterness behind me, I will still be in prison.' Wrth gwrs, tydw i ddim mewn carchar … rwy'n byw bywyd cyfforddus a llawn bendith yn yr Almaen, ond wrth i'r flwyddyn a'r degawd newid gwelwn ddrws trosiadol yn fy nenu. Fel Mandela roeddwn innau'n deall y byddai mynd ymlaen i'r dyfodol gan ddal fy ngafael ar ddicter, poen a chwerwder yn fy nghyfyngu. Roedd felly'n bryd i mi gael gwared â'r Felan Frecsit. Ni fyddwn yn parhau i ddal dig a hynny'n fy ngwneud yn chwerw – felly dyma gael gwared ohono . . . Ni fyddwn bellach yn meithrin y teimlad o frad a oedd yn loes calon i mi . . . er nad oeddwn yn hollol siŵr, ac yn wir rwy'n parhau i fod yn ansicr, beth mae maddau ffolineb gwlad yn ei olygu.

Ar fore Sadwrn y cyntaf o Chwefror fe ddeffrodd y ddau ohonom i sŵn Mary Hopkin yn canu 'Those were the days'. Yn wir, fel y canai Mary, 'nothing seemed the way it used to be'. Yn heulwen gynnes y gaeaf (y gaeaf mwynaf ers blynyddoedd lawer yn ôl proffwydi'r tywydd) aethom ar daith beic am deirawr gan groesi'n ôl ac ymlaen dros y ffin rhwng yr Almaen a'r Iseldiroedd, llinell gymharol ddiweddar ar y map. Mae'r tir hwn, lle collwyd cymaint o waed, yn heddychlon heddiw, diolch i'r teimlad bod gormod o frwydro wedi digwydd, a diolch i gytundebau a gweledigaeth a chyfeillgarwch, yr holl bethau a arweiniodd at greu'r Undeb Ewropeaidd.

Ddydd Sul aethom i gerdded gyda Klaus, Marion a Marita, ar hyd afon Niers rhwng Wankum a Wachten-donk. Yn agos at fynachdy Benedictaidd Mariendonk, awn heibio maen hir o'r ddeunawfed ganrif yn nodi'r ffin rhwng yr hyn oedd yn diroedd Archesgob Cologne a thiroedd Dug Geldern yn y dyddiau cyn i'r syniad cymharol ddiweddar o'r Almaen bresennol gael ei greu. Nid yw'r ffin sy'n bodoli heddiw gyda'r Iseldiroedd ond ychydig gilomedrau i'r gorllewin. Y tu allan i'r mynachdy rydw i, Marita a Marion yn canu 'Hail Holy Queen'; mae'r tri ohonom yn canu mewn côr gosbel, Lleisiau Llawen Niederkrüchten, a'r gwanwyn hwn rydym yn gweithio ar ganeuon o *Sister Act* ar gyfer dau gyngerdd yn yr haf. Wnes i erioed ystyried fy hun yn ganwr gosbel; mae'r ddiwinyddiaeth yn aml yn rhy orfelys gen i, ond cawn hwyl fawr yn ymarfer ar nos Fawrth.

Arhoswn i gael cinio ganol dydd mewn buarth y tu allan i siop a bwyty fferm, yr haul gwanwynol annhymhorol yn gynnes a'r eirlysiau yn y tybiau'n siriol, a chaf y *schnitzel* mwyaf rwyf wedi'i gael erioed gyda sglodion da iawn – yma hefyd mae'r platiau anferth gorlawn yn cyfrannu at ordewdra. Mae Klaus yn holi a ydw i'n hiraethu am adref weithiau. Cawn sgwrs am ystyr 'adref'. Mae Klaus yn ei bumdegau hwyr ac yn briod, mae ganddo fab sy'n oedolyn ac ŵyr ifanc iawn, ac mae'n dal i ystyried y cartref lle y'i magwyd fel 'adref'. Mae ei fam yn dal yn fyw a'i frawd yn parhau i fyw yn y tŷ lle cawsant eu magu.

"'Tŷ ni" ydi lle dw i'n byw efo Marion ond tydw i ddim wir yn meddwl amdano fel adref.'

Mae'n synnu nad ydw i'n hiraethu am Bermo, am Gymru, am y Deyrnas Unedig. Erbyn hyn mae Effeld yn teimlo fel adre. Effeld yw fy nghartref. Effeld gyda'i erddi cerrig didyfiant, yr alpacas a'r cangarŵs, y trigolion ar eu gliniau ar fore Sadwrn yn clirio mwsog, y baw ci, ei gaeau o aur gwyn, y llyn, a theulu fy ngŵr – ac, wrth gwrs, fy ngŵr. Fel y cana Gwyneth Glyn, 'mae adra'n debyg iawn i chdi'. Wrth gwrs, mae yna bobl yng Nghymru mae gen i hiraeth amdanynt – yn wir, mae gen i hiraeth am bobl oedd yn rhan o'r blynyddoedd yng Nghaliffornia ac yn Lerpwl hefyd – ond mae'r cyfryngau cymdeithasol a sawl ap cyfathrebu gweledol bellach yn dod â'r bobl hynny i fy nghartref; petawn yn onest, rwy'n 'gweld' ac yn siarad gyda fy mrawd yn amlach erbyn hyn na chyn i mi symud i'r Almaen ac rwy'n sgwrsio'n rheolaidd gyda ffrindiau yn Nolgellau, Dyffryn Ardudwy, Califfornia a Washington DC.

Y noson honno, ar ôl ein tro, mae'n cymdogion, Jörg a Sabine – a'u mab Aaron – yn dod i chwarae gemau bwrdd, ac ar ôl i Aaron gael digon o golli a mynd adref at ei gemau cyfrifiadurol, mae'r pedwar ohonom yn chwarae cardiau hyd yn hwyr y nos. Mae Contract Whist a Dirty Liz (neu Black Lady – er bod Sabine yn galw'r gêm yn Black Mamba) wedi datblygu'n ffefrynnau ganddi hi a Jörg ac mi ydan ni'n chwarae o leiaf unwaith yr wythnos, felly mi ydw i wedi meistroli rhifau mewn Almaeneg ac wedi dysgu sawl rheg. Rydym yn ffodus iawn o'n cymdogion. Maent wrth eu boddau efo'n cŵn, ac mae Nel wedi gwirioni efo Sabine mewn ffordd na wnaeth erioed efo Jupp na finnau. Maent bob tro'n awyddus i ofalu am Wash a Nel os byddwn yn mynd i ffwrdd. Mae Aaron, sydd bellach yn dair ar ddeg, yn dod draw bob nos Lun pan mae Jupp yn chwarae Bridge yn yr Iseldiroedd ac mae o a finnau'n sgwrsio yn Saesneg am awr. Mae ei Saesneg yn prysur iawn ddod yn well na'm Halmaeneg i.

Yn y dyddiau ar ôl i mi geisio gwneud amdanaf fy hun, bron i ddeugain a phump o flynyddoedd yn ôl, Mair Wynne Griffith oedd yr un a ddywedodd wrtha i, 'Y daith ydi adra, ac weithiau, pan mae'n anghyffordddus neu pan 'dan ni'n teimlo ar goll, mae angen cwmni ar y daith honno.' Fe gymerodd amser i mi ddeall y syniad o adref fel taith. Mae darnau hir o 'nhaith wedi bod ar ymylon cymdeithas – hyd yn oed ar ymylon bod ar goll – ond yn union fel yr eisteddodd Mair efo fi am oriau lawer dros ddyddiau lawer yn niwedd gaeaf 1975, rwyf innau wedi cael cwmni llu o bobl am fwy na hanner oes – nid yw pawb wedi'u henwi yma gan fod y rhestr mor hir. Ac mae Jupp wedi dod efo fi: fo sydd wedi cadw fy nhraed ar y ddaear . . . fo sydd wedi fy nghadw rhag digalonni pan fo'r gagendor ar y ffin yn ymddangos yn rhy lydan. Mae cael fy ngharu ganddo fo wedi rhoi nerth i mi, ac mae ei garu o wedi rhoi dewrder i mi.

Felly, yr olygfa o'r ffin, a minnau bron â mynd ar goll, fu fy nghartref . . . dyna yw fy nghartref . . . dyna fydd fy nghartref. Heddiw rydym yn mwynhau yr olygfa hon yn Effeld. Yfory, neu ryw yfory arall – pwy a ŵyr? Fel y dywedodd Mair, 'Y daith ydi adra.'

Daeth John yn ddinesydd Almaenig ym mis Awst 2020. Mae ganddo bellach ddau basbort – ond nid yw'r un ohonynt yn cydnabod mai Cymro ydi o – a'r arholiad ar gyfer dinasyddiaeth yr Almaen yw'r unig arholiad erioed iddo dderbyn 100% ynddo.

PARTHIAN Fiction

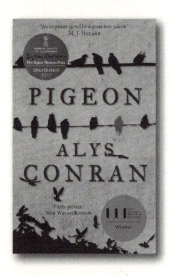

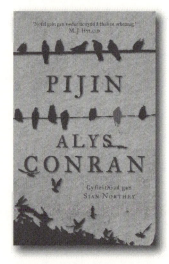

Ironopolis

GLEN JAMES BROWN
ISBN 978-1-912681-09-9
£10.99 • Paperback

Shortlisted for the Orwell Award for Political Fiction and the Portico Prize

'A triumph' – *The Guardian*

'The most accomplished working-class novel of the last few years.' – *Morning Star*

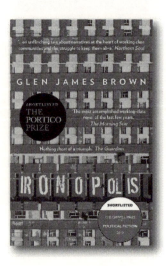

PARTHIAN

Between Worlds

*A Queer Boy from
the Valleys*

JEFFREY WEEKS

ISBN 9781912681884

£20 • Hardback

"A revelation...Weeks delivers a
compelling portrait of the two
communities which shaped him –
working-class Rhondda and queer
London – Humorous, passionate,
insightful and written with literary
flair." – Daryl Leeworthy, author
of *A Little Gay History of Wales*

Queer Square Mile

*Queer Short Stories
from Wales*

EDITED BY KIRSTI BOHATA,
MIHANGEL MORGAN AND
HUW OSBORNE

ISBN 9781913640248

£20 • Hardback

The first anthology of its kind of
Welsh fiction, with a selection of
over 40 short stories (1837-2018)
including work by Rhys Davies,
John Sam Jones, Deborah Kay
Davies, David Llewellyn, Aled
Islwyn, and Kate North.

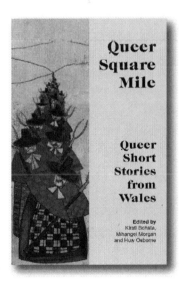

Queer
Square
Mile

Queer
Short
Stories
from
Wales

Edited by
Kirsti Bohata,
Mihangel Morgan
and Huw Osborne

'Are these the best gay short stories since Tennessee Williams' *One Arm*?" *Booklist*

KISS AND TELL

Selected Stories

Foreword by David Llewellyn

JOHN SAM JONES

Parthian/**Modern**